ZHONGGUO MINJIAN JINRONG DE
FALÜ JIANGUAN HE GUIFAN FAZHAN

中国民间金融的
法律监管和规范发展

王 梓 李 臻 邵 燕 肖忆雪 著

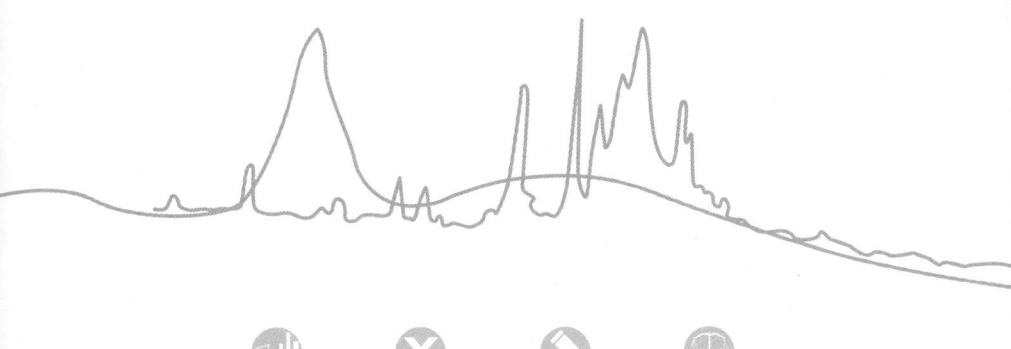

 四川大学出版社

项目策划：唐　飞
责任编辑：蒋姗姗
责任校对：唐　飞
封面设计：墨创文化
责任印制：王　炜

图书在版编目（CIP）数据

中国民间金融的法律监管和规范发展 / 王梓等著.
-- 成都：四川大学出版社，2019.4
ISBN 978-7-5690-2839-3

Ⅰ．①中… Ⅱ．①王… Ⅲ．①民间经济团体－金融机构－金融监管－研究－中国 Ⅳ．① F832.35

中国版本图书馆 CIP 数据核字（2019）第 057990 号

书　名	中国民间金融的法律监管和规范发展
著　者	王　梓　李　臻　邵　燕　肖忆雪
出　版	四川大学出版社
地　址	成都市一环路南一段 24 号（610065）
发　行	四川大学出版社
书　号	ISBN 978-7-5690-2839-3
印　刷	四川盛图彩色印刷有限公司
成品尺寸	148mm×210mm
印　张	5
字　数	134 千字
版　次	2019 年 4 月第 1 版
印　次	2019 年 4 月第 1 次印刷
定　价	36.00 元

版权所有　◆　侵权必究

◆ 读者邮购本书，请与本社发行科联系。
　电话：(028)85408408/(028)85401670/
　(028)86408023　邮政编码：610065
◆ 本社图书如有印装质量问题，请寄回出版社调换。
◆ 网址：http://press.scu.edu.cn

四川大学出版社
微信公众号

前　言

近年来，受我国宏观经济形势的消极影响，不少企业尤其是中小微民营企业普遍出现经营困难和债务危机，加之相关制度不健全、银根日益紧缩、暴利思想驱使等因素的综合作用，我国民间金融市场成为法律风险、社会事件频发的领域。我国民间金融市场在发展中暴露的问题主要体现在以下两个层面：一方面，融资难问题突出，正规金融机构长期偏向大型国有企业，导致中小微民营企业融资举步维艰；另一方面，违法活动猖獗，违法高额利息、高利贷、虚假诉讼，甚至包括涉刑的非法吸收公众存款、集资诈骗等现象日趋严重，各地法院受理案由为民间借贷纠纷的案件数量激增，对区域经济发展和社会稳定造成了极大的不利影响。尽管政府针对上述问题，先后出台了一系列政策法规，试图引导和规范民间资本进行合法、合规、合理的投融资活动，但从市场反馈的整体效果来看，似乎不尽如人意。中小微企业融资难，以及高利贷、暴力催收、校园贷、套路贷、非法集资等问题依旧突出。加之民间金融活动合法与非法的界限比较模糊，公权力机关治理对象不明确，严重打击了民间金融的创新活力。针对上述现象，作者试图通过本书的研究对我国现阶段民间金融市场存在的突出问题，包括市场运行层面的主要困境、司法实践层面的核心难题等，在结合跨学科理论和市场运行数据的基础上，进行归纳、分析与反思，以期就问题的成因进行分析并提出行之有效的对策。

本书研究的主要价值在于：第一，重置我国金融体系建设的主导思想，可以帮助我国重新树立一个更为科学开放的金融发展理念；第二，民间融资行为合法与非法界限的厘清，这关系到我国金融市场各方对于民间金融发展的信心；第三，民间金融市场的开放程度已被视为一个度量我国民营企业和民间信贷对接自由度的参照样本，其关系到金融借贷利率市场化进程；第四，通过对我国现阶段民间借贷领域较为系统的研究，可总结出当前我国民间借贷市场发展的新趋势，为今后制度立法的完善和有效规制提供依据和参考；第五，通过对国家立法层面、市场监管层面、权利救济层面中观念偏差的纠正及相关制度的修订完善，以期使民间借贷市场的建设符合我国现阶段市场经济的发展需要，为实体经济发展提供良好的民间融资环境，更好地服务供给侧的结构性改革。

本书主要分两部分进行论述：在宏观层面上，首先对民间金融市场的发展现状及前景进行分析，指出我国民间金融市场存在的主要缺陷；其次，就民间金融的组织结构进行解析，以我国最基础的民间金融组织——合会为例，剖析民间金融组织构成，并详细论证民间金融市场参与主体的结构缺陷以及其对民间金融市场的负面影响，以此印证民间金融改革的必要性；再次，对我国长期以来所秉持的"国家主义"金融建设主导思想和经济学中制度变迁理论进行深入分析，以期为我国民间金融市场改革发展提供科学的理论基础；最后，从我国民间金融市场的开放、监管、法律规制和中小微企业帮扶等四个方面着手，探讨如何建立一个符合我国国情且更为完善的民间金融市场。在微观层面上，主要以民间借贷活动为对象进行详细论述。首先，从民间借贷的概念在不同规范性文件下的意义解读作为切入点，对现阶段民间借贷的内涵与外延作梳理和阐释；其次，结合市场实践及相关法理，对民间借贷的类型作归纳与划分，如区分民事借贷与商事借贷、合法借贷与非法借贷等，为下文评议我国民间借贷市场运行的主要问题，以及民间借贷市场规制路径的完善作铺垫；再次，对现阶段我国民间借贷市场在运行中存在的问题，以及相关司法实践中所面临的难题进行系统性分析，并结合域外经验，总结我国民间借贷市场发展中存在的不足之处；最后，从国家立法、市场监管、权利救济三个层面，对规范我国民间借贷活动的可行性路径进行分析，并讨论如何引导民间金融资源进行优化配置。

本书的内容为作者的一些研究成果和学习心得，部分注释可能存在错误和不完整的情况，在此恳请专家学者们予以谅解。另外，由于作者自身的学识水平和实践经验有限，本书内容可能会存在一些缺憾和不足，恳请广大读者批评指正并提出宝贵意见。

著者
2018 年 12 月

目 录

第一章　综述 …………………………………………（1）
　一、选题的意义 …………………………………………（1）
　二、国内外研究状况 ……………………………………（3）
　三、研究思路和方法 ……………………………………（13）

第二章　我国民间金融市场治理的相关法律问题研究 ……（16）
　一、民间金融概述 ………………………………………（16）
　二、我国民间金融市场的发展状况 ……………………（21）
　三、我国民间金融体系的组织结构分析 ………………（36）
　四、我国民间金融市场发展的基础理论辨析 …………（50）
　五、我国民间金融市场的规范化发展 …………………（60）
　六、小结 …………………………………………………（82）

第三章　我国民间借贷的相关法律问题研究 ……………（84）
　一、民间借贷法律含义的解读 …………………………（84）
　二、民间借贷的类型化考察 ……………………………（90）
　三、我国民间借贷市场运行的主要问题及评议 ………（101）
　四、我国司法实践中民间借贷的主要问题及评议 ……（111）
　五、我国民间借贷规范发展的可行性路径分析 ………（118）
　六、小结 …………………………………………………（140）

参考资料 ……………………………………………………（142）

第一章 综述

一、选题的意义

"吴英案"自 2006 年案发伊始，即处于舆论密集关注之下。该案之所以牵动如此之多的民众，并最终演变成一场罕见的法治大讨论，主要是由于其映射出了诸如民间资本出路、国营金融垄断、非暴力死刑存废、司法公正等一系列问题。中国民众对于"吴英案"的关心，实际上是对自身权利的关心，因为每个人都可能成为下一个"吴英"。"吴英案"所折射出的正是我国当前民间金融发展的尴尬境地：合法与非法民间金融活动的界限模糊，正规金融机构长期偏向大型国有企业，中小微民营企业融资难。这些问题已经关系到我国金融市场的稳定和未来的发展，因此需要深入研究民间金融体系，厘清民间金融交易中的各项关系。研究的价值在于：其一，重置我国金融体系建设的主导思想，可以帮助我国重新树立一个更为合理开放的金融发展理念；其二，民间融资论罪与否、量刑几何关系到我国金融市场各方对于民间金融发展的信心；其三，民间金融市场的开放程度已被视为一个度量我国民营企业和民间信贷对接自由度的参照样本，其关系到金融借贷利率市场化进程。对这些问题的研究和对民间金融体系的重构有利于为那些游走在我国官方金融和信用体系的灰色地带中，惨淡生存又不可不正视的民间资金力量正名，这将有助于为我国金融体系的发展定调。

此外，作为民间金融市场的重要组成部分——民间借贷市场，受近年来宏观经济形势的消极影响，不少企业尤其是中小微民营企业普遍出现经营困难和债务危机，加之相关制度不健全、银根日益紧缩、暴利思想驱使等因素的综合作用，民间借贷市场在发挥其民间融资功能的同时，也成为法律风险、社会事件频发高发的聚集地，违法高额利息、高利贷、虚假诉讼，甚至包括涉刑的非法吸收公众存款、集资诈骗等现象日趋严重，各地法院受理案由为民间借贷纠纷的案件数量激增，对区域经济发展和社会稳定造成了极大的不利影响，如2011年浙江省温州地区集中爆发的民间借贷危机即为典型案例。尽管官方前后出台了一系列相关政策和规范性文件，引导和规范民间资本进行合法合规的投融资活动，但从市场实践的整体效果来看，似乎并不尽如人意，高利贷、暴力催收、校园贷、套路贷等问题依旧突出，加之权利救济层面，公权力机关过度依赖刑罚工具处置民事案件的倾向严重，在相关受害者难以获得足额赔付的同时，又打击了民间金融的创新活力。因此，有必要对我国现阶段民间借贷市场存在的突出问题，即市场运行层面的各类乱象、司法实践层面的主要难题，在结合相关法理和市场实践的基础上进行归纳、分析与反思，以期针对成因讨论和提出行之有效的对策。本书研究民间借贷问题的意义在于：其一，民间借贷作为民间金融的重要组成部分，其发展是否健康、有序，直接影响着民间金融市场整体的持续稳定和发展走向，甚至关系一国的经济安全和社会安全；其二，通过对我国现阶段民间借贷领域较为系统的研究，可总结出当前我国民间借贷市场发展的新趋势，如经营性的商事借贷逐渐成为市场主角、高利息现象普遍且日益隐蔽、民间借贷与非法集资等违法犯罪活动交织频繁等，为今后制度立法的完善和有效规制提供依据和参考；其三，我国现阶段民间借贷市场暴露出的诸多问题，可通过反向观察以厘清其成因，即法律制度供给不足、市场监督管理乏力、权利救济渠道失效等，找准症状，方能对症下药；其四，通过对国家立法层面、市场监管层面、权利救济层面中观念偏差的纠正及相关制度的修订完善，以期使民间借贷市场的建设符合我国现阶段市场经济的发展需要，为实体经济发展提供良好的民间融资环境，更好地服务供给侧的结构性改革。

二、国内外研究状况

（一）国内研究现状

1. 民间金融的研究现状

在我国，长期以来国有金融机构垄断了信贷资源，造成了民间金融的"非主流"身份。同时，由于受到银行准备金率提高、硬性信用指标和贷款向国有、大型企业倾斜等政策束缚以及"信息不对称"等因素的影响，商业银行的信贷灵活性远远不能满足中小微民营企业和个人需求，为民间金融留出了庞大市场空间。对有资金需求又熟悉情况的本地人来说，担保咨询公司、寄售行、典当行、标会、企业和个人都是潜在的"银行"，真正的官方金融机构反而成了配角。针对我国目前金融业发展现状，尤其是民间金融的尴尬地位和体系缺陷，学者纷纷提出了自己的观点。

关于民间金融的概念和定位问题，张宁认为，民间金融是指未得到法律、法规及其他正式形式认可或直接认可的金融活动，它不仅包括犯罪金融、违法金融、地下金融等，还包括正式金融主体未被法律、法规正式或直接认可的金融以及暂未被法律法规认可的金融创新。[①] 而著名经济学家姜旭朝认为，不应该把民间金融作为官办金融的对立范畴提出来，而应该以是否符合《中华

---

① 张宁：《试论非正式金融》，载《当代财经》2002年第11期。

人民共和国公司法》和《中华人民共和国商业银行法》的规定来判断是否属于民间金融。①

对于我国金融业发展现状，著名经济学家辜胜阻在温州的调查表明，中小微民营企业能够从银行等主流的金融机构获得贷款的比例只有10%左右，80%以上依靠民间借贷生存。②学者刘伟的研究表明，改革开放以来，我国62%以上的GDP由非国有经济所贡献，但与此形成鲜明对照的是，对经济增长贡献不到40%的国有经济部分，获得的贷款资源却占金融机构贷款总量的70%以上，而对国民财富贡献高达62%的非国有经济，只能从主流金融机构拿到不到30%的贷款。③

正是由于政府金融管制过于严格，导致我国正规金融机构贷款渠道的不畅通，这也给民间金融留出了巨大的生存空间。罗丹阳、王小敏提出，在国有商业银行肩负着硬性执行国家货币政策职责的情况下，中小商业银行的发展被抑制，这种垄断逐渐造成了部分地区尤其是农村地区金融制度供给的真空。④张杰关于民营经济的金融困境与融资次序的研究，从金融制度结构变迁的角度认为民营经济金融困境的解除不能依赖于现有的国有金融框架，而要寻求以内生性为特征的金融制度创新。而民间金融恰恰具有对民营经济的内生性支持的特点。⑤林乐芬、林彬乐认为，我国民间金融的形成是与我国的金融制度安排紧密相连的，是体

---

① 姜旭朝、丁昌峰：《民间金融理论分析：范畴、比较与制度变迁》，载《金融研究》2004年第8期。
② 辜胜阻：《温州问题实质是实业空心化》，载于新浪财经，http://finance.sina.com.cn/review/hgds/20111123/011710863448.shtml，2018年9月23日访问。
③ 马光远：《麦金农与中国金融改革的命门》，载《中国经营报》2014年10月13日第15版。
④ 罗丹阳、王小敏：《中国有执行制度变迁路径分析：以民间金融为例》，载《南方金融》2005年第4期。
⑤ 张杰：《民营经济的金融困境与融资次序》，载《经济研究》2000年第4期。

制内金融制度所提供的信贷工具不能适应体制外产出增加的金融需求而不断内生出来的，成为非公有制经济筹集资金的重要渠道。① 杜朝运认为，在我国，长期以来政府一直被认为是制度的唯一合法供给者，其他的制度创新，未得到政府的允许和推广之前，都被认为是非法的而加以制止。改革开放前，我国政府对绝大部分经济资源享有绝对的控制权，个人和自愿团体几乎不具备制度创新的空间。改革开放后，政府对经济活动的管制逐步弱化，附着在经济资源上的权利已不再单纯为政府所有，相当一部分被转移到私人部门手中，多样化权利主体的产生为市场得以运作创造出必要的前提条件，市场化的环境能够为响应获利机会的自发行为提供相当的制度创新空间，使得个人或团体有可能构建一些符合市场需要的新制度，民间金融的兴起就是市场经济诱生的一项制度安排。② 任旭华、周好文认为，金融制度供求失衡，意味着现存制度下的巨大利益空间。而当现存制度存在巨大的难以开发的潜在利益时，必然存在制度变迁需求。因为制度变迁势必在某种程度上弥补制度供给不足，满足对金融服务的需求，因而孕育着丰富的制度变迁收益。民间金融正是因其激励效率高、运作灵活、信息传递快、交易成本低以及所有制关系对称等而成为市场机制诱生的一种制度变迁。③ 喻凌云发现，民营企业的主要资金来源仍然是自有资金及通过民间金融这一非正规渠道融资，民间金融可以有效地解决民营企业的融资问题，促进经济

---

① 林乐芬、林彬乐：《农村金融制度变迁时期的非正规金融探析》，载《现代经济探讨》2002年第8期。
② 杜朝运：《制度变迁背景下的农村非正规金融研究》，载《农业经济问题》2001年第3期。
③ 任旭华、周好文：《中国民间金融的诱致性制度变迁》，载《华南金融研究》2003年第3期。

发展。①

尽管民间金融具有强大的市场和良好的发展前景，但是其内部运行机制存在着较大的缺陷，需要通过法律法规以及其自身体系的完善来弥补这些问题。学者谢毅认为，由于民间金融大都"应市而生"，因此，当行政管理、金融监督等还受到较深的计划束缚时，民间金融与之的冲突便不可避免，而冲突的显化状态就是风险的产生。所以说，目前我国民间金融的风险成因除了金融业自身的风险因素外，更多的是体制内外的深层次矛盾化的结果，要从现行体制、制度本身着手解决。②

对于民间金融的未来发展，学界普遍主张应坚持市场开放和科学规制。王曙光分析认为，民间金融在我国有着极大的存在和发展空间，虽然现阶段部分民间金融已经纳入正规金融的范围，但是由政府主导的正规金融并不能完全替代民间金融在我国经济发展中的地位。实际上，即便没有政府的干预，民间金融组织的规模在发展到一定阶段后，会逐渐向正规金融机构演进。因此，在民间金融的自主转化过程中，政府不应过多地进行政策性干预，而应当鼓励民间金融市场的开放，发挥民间金融主体自身的能动性。③ 姜朝旭主张建立多元化和开放性的民间金融制度，不应将所有形式的民间金融均纳入合法化进程，相反应通过立法的形式放宽对民营金融的限制，建立真正的民营金融体系。同时，民间金融合法化作为民间金融发展的诱致性制度变迁的结果，是一种降低社会改革风险、缩小金融配给不公的有效手段，仍然应

---

① 喻凌云：《中国民间金融发展研究》，载《科技信息（科学教研）》2008年第18期。
② 谢毅：《民间金融发展现状与理论思考》，载《金融与保险》2005年第8期。
③ 王曙光、邓一婷：《民间金融扩张的内在机理、演进路径与未来趋势研究》，载《金融研究》2007年第6期。

当继续推进。① 刘子平就提出，针对民间金融存在问题的综合治理工作，一方面要继续深化金融业市场化改革，改变金融抑制的现状，通过市场竞争真正发挥市场优化资源配置的功能，从而满足不同市场主体的融资需求；另一方面要以风险控制为核心，强化对民间金融的功能监管，通过在立法上对民间金融活动进行功能性定位，建立科学的外部干预标准判断方式和类型化的金融监管模式。②

2. 民间借贷的研究现状

具体就民间借贷领域而言，关于民间借贷的概念，姚辉认为，民间借贷并非一个具有严格教义学上定义的法律概念，且在民商法学理论及审判实务中，其范围和内涵迄今尚未形成统一认识，但不管差异如何，有必要对将金融机构之外的法人排除在合法借贷合同主体之外的规定重新予以检讨。③ 因长期受制于法律法规的强制性规定，即民间借贷主体仅限于至少一方为自然人，故不少学者从民事主体角度对民间借贷概念加以界定，如杜敏和王刚认为，民间借贷是指自然人与自然人之间、自然人与企业之间的借款行为。④ 张书清则从金融监管方面对其加以定义，即民间借贷"是在金融体系中没有受到国家信用控制和监管当局监管的金融交易活动，包括非正规的金融中介和非正规的金融市场"⑤。2015年《最高人民法院关于审理民间借贷案件适用法律

---

① 姜旭朝、丁昌峰：《民间金融理论分析：范畴、比较与制度变迁》，载《金融研究》2004年第8期。姜朝旭、邓蕊：《民间金融合法化：一个制度视角》，载《学习与探索》2005年第5期。

② 刘子平：《功能监管化视角下的民间金融法律治理研究》，载《金融监管研究》2016年第8期。

③ 姚辉：《关于民间借贷若干法律问题的思考》，载《政治与法律》2013年第12期。

④ 杜敏、王刚：《民间借贷纠纷案件问题探究及应对之策》，载《人民司法》2012年第11期。

⑤ 张书清：《民间借贷法律价值体系的重构》，载《上海金融》2009年第2期。

若干问题的规定》的出台,承认了企业之间借贷活动的合法性,如杨立新认为,尽管该司法解释第 1 条在对民间借贷概念的界定中,并没有明确提及企业之间的借贷,但是在使用的"法人"和"其他组织"概念中,就包含了这个含义①。

关于我国现阶段民间借贷在市场运行层面呈现的主要特点及相关问题,胡毅峰认为,受宏观调控政策及宏观经济环境的影响,在经济增长出现波动时,部分中小微企业经营困难加剧,偿债能力下降,民间融资需求急剧增加,民间借贷规模随之不断扩大,有些地方甚至出现全民放贷的现象。② 岳彩申研究发现,民间借贷开始出现专门从事放贷的职业群体,即所谓的"职业放贷人"和民间"食利"阶层,同时还出现专为借贷双方提供"搭桥"服务的职业性中介组织,使流向分散、信息不透明的民间借贷区域组织化和中介化,即民间借贷的商事化、营利性趋势趋于明显;基于民间借贷的中介化趋势日益明显,市场主体开始借助典当行、担保公司、理财公司、投资公司、寄售店、小额贷款公司等各种合法的组织形式参与民间借贷,即借贷关系复杂化及信息不透明使风险更加隐蔽。③ 张广凤研究发现,在银行信贷收紧的背景下,一些大型国有企业和上市公司利用其从银行获得的贷款"转贷"给其他借款主体,并从中赚取差价,甚至有的金融机构销售人员在网点私下向客户销售私募基金、第三方理财和 P2P

---

① 杨立新:《民间借贷关系法律调整新时期的法律适用尺度——〈最高人民法院关于审理民间借贷案件适用法律若干问题的规定〉解读》,载《法律适用》2015 年第 11 期。

② 胡毅峰:《民间借贷法律治理的地方实践》,人民法院出版社 2016 年版,第 162 页。

③ 岳彩申:《民间借贷风险治理的转型及法律机制的创新》,载《政法论丛》2018 年第 1 期。

产品。① 王观、李若愚指出，经济下行压力下，民间借贷的不良资产处置逐渐形成了一个特殊的利益生态链，甚至还衍生出一个处于"地下"或"半地下"的催讨产业，典型即以故意伤害、非法拘禁、侮辱、恐吓等为主要手段的暴力催债行为②，严重危及相关主体的人身、财产安全，且对社会秩序造成十分恶劣的影响，如于欢案等。

关于民间借贷司法实践层面存在的主要问题，李明研究发现其主要集中在：合法借贷与非法借贷界限不清，总体呈现民间借贷刑事化的倾向；利率限制与交易习惯、意思自治原则的难以有效衔接；"买卖型担保"与借贷合同的判别存有争议；刑民交叉时遵循"先刑后民"还是"刑民并行"原则，以及分开处理的具体标准，即"同一事实""有关联"的认定尚未明确等。③ 陈国猛研究指出，民间借贷案件的特点主要有：系列案件多；涉及金额大，借款利率高，隐性利率大量存在；借款采用的外观形式多种多样；借贷纠纷常与其他经济纠纷交叉；案件申请保全率高，当事人应诉率低；等等。而在民间借贷案件的审理过程中，纠纷性质复杂多样且认定分歧大、案件事实难以查清、利息保护争议较大、夫妻共同债务难以认定、虚假诉讼真伪难辨、刑民交叉不好协调等问题普遍存在。④

关于我国民间借贷的正确引导与有效规制，张书清认为，一

---

① 张广凤：《民间借贷的新特点及风险防范》，载《经济研究导刊》2018年第28期。

② 王观、李若愚：《既有存在价值，是正规金融的有益补充，又面临利率不透明、暴力催债等问题。民间借贷，正门咋开？》，载《人民日报》2017年6月12日第18版。

③ 李明：《当前民间借贷案件飙升的原因、难题与解决》，载《中国经济周刊》2018年第3期。

④ 陈国猛：《民间借贷：司法实践及法理重述》，人民法院出版社2015年版，第271—280页。

方面应正视民间借贷的正当权利,即政府要切实转变职能,将重点放在保障交易自由与营业自由,维护秩序稳定与公平竞争等为金融市场良性发展提供公共服务上来;另一方面应完善民间借贷的相关制度,即对有关金融犯罪条款作修改,对有关金融"三乱"法规作修改,完善有关农村金融的法规。① 王建文、黄震认为,一是建立多层次、多形式的民间融资体系,充分发挥民间借贷的优势;二是建立和完善民间借贷法律体系,引导民间借贷规范发展;三是建立和完善民间借贷监管体系,促进民间借贷健康发展。② 岳彩申认为,根据我国金融市场的结构与法制现状,规范民间借贷的专门立法应当重点规制那些以营利为目的并专门从事借贷业务的机构和个人所进行的商事性借贷,主要包括对借贷主体的准入、借贷利率、借贷地域等加以规范;对于以营利为目的的商事借贷,不宜采用由一部法律进行全面规制的模式,而应当区别不同情况采用分类规制的立法安排。③ 赵莹、雷兴虎具体就我国商事民间借贷的立法体系建构提出建议:一是立法模式采取统一专门立法;二是立法理念,即金融安全与金融效率并重,金融自由与国家适当管制结合,金融公平公正;三是立法的主要内容,即商事民间借贷主体准入制度、运行制度、监管制度以及主体退出制度。④ 岳彩申具体就民间借贷风险治理的转型及法律机制创新的重点提出建议:一是引入激励性法律规制机制,减少信息不对称所带来的道德风险和逆向选择;二是建立非存款类放

---

① 张书清:《民间借贷的制度性压制及其解决途径》,载《法学》2008年第9期。
② 王建文、黄震:《论中国民间借贷存在的依据、问题及规制路径》,载《重庆大学学报(社会科学版)》2013年第1期。
③ 岳彩申:《民间借贷规制的重点及立法建议》,载《中国法学》2011年第5期。
④ 赵莹、雷兴虎:《我国商事民间借贷的立法体系建构》,载《湖南社会科学》2014年第3期。

贷主体制度，如建立强制注册与特别豁免相结合的准入制度；三是构建统一的民间借贷备案制度，即建立全国统一的民间借贷备案信息平台，实现各地民间借贷服务中心互联互通、信息共享；四是修正民间借贷的刑法治理机制，禁止在司法实践中随意扩大刑法的适用范围；五是形成中央与地方共治的双层监管体例，即赋予地方政府在民间借贷监管和风险防范方面的职权，充分调动和发挥地方政府处置金融案件的作用；等等。①

（二）国外研究现状

对于民间金融与正规金融的关系，Kropp 阐释道，民间金融和正规金融是同一国家中同时并存且相互割裂的，正规金融处于国家信用体系和相关金融法律控制下，而民间金融则在这种控制之外进行运转，二者利率不同、借款条件不同、目标客户不同，更为重要的是，借贷资金不能跨市场流动。② Krahene 和 Schmidt 认为，民间金融和正规金融之间的区别在于交易执行所依靠的对象不同。正规金融活动依靠的是社会法律体系，而民间金融活动则依靠的是社会法律体系以外的体系。③

是什么原因导致国内非法集资案件频发，且民间大量的资金需求无法得到满足的呢？究其根源是庞大的民间资金缺乏一个稳定可靠的投资渠道，无法进入正规金融领域，只能冒险进行地下融资。对于民间金融产生根源的分析，麦金农在 1973 年就提出了发展中国家的金融抑制假说（financial repression hypothesis）

---

① 岳彩申：《民间借贷风险治理的转型及法律机制的创新》，载《政法论丛》2018 年第 1 期。

② Kropp E. W., Suran B. S: Linking Banks and (Financial) Self Help Groups in India—An Assessment. Seminar on SHG—bank Linkage Programme at New Delhi, NABARD, November 25 – 26, 2002. Available at SSRN: https://ssrn.com/abstract=1170845.

③ Krahene J. P., Schmidt R. H.: Developing Finance as Institution Building, Boulder, San Francisco and Oxford: Westview, 1994.

与市场分割假说(market segment hypothesis),并揭示了民间金融在发展中国家产生的体制性根源。① Arrow 发现,在发展中国家,由于经济相对落后,基本上都采用了金融压制政策以集中力量发展民族经济。金融压制政策造成了正规金融垄断和整体金融效率低下,致使正规金融内累积的风险增加,却为民间金融的兴盛提供了条件。② Anders Isaksson 指出,非正规金融是对政策扭曲和金融抑制的理性回应。由于金融抑制下的政府信贷配给以及体制内金融机构的所有制偏见和制度歧视,使得中小微民营企业对非正规金融市场有着强烈的制度需求,于是非正规金融便应运而生。并认为,正规部门的小企业和非正规部门的企业从非正规金融融资较多,尽管融资规模不大,但是涉及的企业数量较多。③ Besley 和 Levenson 认为,非正规金融组织在快速增长的转型经济中具有非常高的灵活性,满足了那些被正规金融机构拒之门外的中小微民营企业和家户的融资要求,有助于跨期平滑生产经营和生活中的风险与不确定性因素,促进了经济增长。④

但是 Stiglitz 指出,即使没有政府的金融压制政策,由于借款人方面存在逆向选择和道德风险,信贷配给也会作为一种均衡现象长期存在。他在1981年的一篇论文中提到"非瓦尔拉斯均衡"理论,该理论通过"信息不对称"的理论框架解释了中小微

---

① [美]罗纳德·I. 麦金农,卢骢译:《经济发展中的货币与资本》,上海人民出版社1997年版。

② Schrader H.: Some Reflections on the Accessibility of Banks in Developing Countries: A Quantitative, Comparative Study, Working Paper No. 188, Sociology of Development Research Center, University of Bielefeld, 1995.

③ Anders Isaksson: The Importance of Informal Finance in Kenyan Manufacturing, the United Nations Industrial Development Organization (UNIDO), Working Paper No. 5, May 2002.

④ Timothy Besley, Alec R. Levenson: The Role of Informal Finance In Household Capital Accumulation: Evidence From Taiwan. The Economic Journal Vol. 106, No. 434, January 1996.

民营企业融资难的现象出现的原因。其主要内涵是银行在对企业贷款请求进行评估的时候,是通过偿付能力和偿付意愿两个方面出发进行分析。对于偿付意愿的考察,就是银行在审批贷款请求的时候,会综合考虑"道德风险",即企业是否存在冒险虚报数据以获取贷款的行为。这包括从多个方面进行调查,如借贷方的商业信誉记录等,用以评估贷款的风险系数。这种做法的前提就是上文所提到的"不确定性因素"存在。而要对借贷方企业的发展前景进行预估,就必须了解该企业的基本情况,这在实践中要做到全面了解或者达到企业自身的了解水平都是不太现实的,因为银行对于企业的实力以及贷款用途等信息的了解总是少于企业自身,这就造成了"信息的不对称"的难题。在这一前提下,如果有些企业做出冒险骗贷的行为,银行很难预见。鉴于此,银行为了保护自身利益,就采取对所有客户提高利率的方法来分担该"道德风险"。这样的行为使得风险小的客户承担不必要的高利率,而分担了高风险客户的责任。在极端情况下,当利率高到普通客户无法承担的时候,小风险客户就会因为无法承担或不愿承担该项支出而选择退出市场,留给银行的都是高风险客户。这种行为称为"逆向选择"。[1]

三、研究思路和方法

（一）研究思路

本书将分两部分论述:宏观层面上,首先对民间金融市场的发展现状及前景进行分析,指出我国金融市场存在的主要缺陷;其次,就民间金融的组织结构进行了解析,以我国最基础的民间

---

[1] Joseph E. Stiglitz, Andrew Weiss: Credit Rationing in Market with Imperfect Information. The American Economic Review, Vol. 71, No. 31, June 1981.

金融组织——合会为例,剖析民间金融组织构成,并详细论证民间金融市场参与主体的结构缺陷以及其对民间金融市场的负面影响,以此印证民间金融改革的必要性;再次,对我国长期以来所秉持的"国家主义"金融建设主导思想和经济学中制度变迁理论进行分析批判,以得出民间金融市场改革的正确主导思想;最后,从民间金融市场的开放、监管、法律规制和中小企业帮扶等4个方面讨论建立一个符合我国国情且更为完善的民间金融市场。微观层面上,以民间借贷为例作详细论述。首先,从民间借贷概念在不同规范性文件下的意义解读作为切入点,对现阶段民间借贷的内涵与外延作具体梳理和阐释;其次,结合市场实践及相关法理,对民间借贷的类型作归纳与划分,如区分民事借贷与商事借贷、合法借贷与非法借贷等,为下文关于民间借贷商事化、暴力催债等问题的分析,以及民间借贷市场规制路径的完善作铺垫;再次,对我国现阶段民间借贷市场所存在的市场乱象和相关司法实践中所面临的难题进行系统性分析,并结合域外经验总结不足之处;最后,基于我国实际,分别从国家立法、市场监管、权利救济3个层面对我国民间借贷本质属性的回归路径加以讨论,引导民间金融资源优化配置。

(二) 研究方法

本书将通过以下方法对我国民间金融体系的完善进行学术探讨和分析研究。

从宏观层面上,首先利用个案研究法对民间金融借贷交易所引发的案件进行分析,通过对"吴英案""邓斌案""福安倒会事件""立人集团非法集资案"等案件调查研究,弄清其民间金融违法行为频发的原因以及民间金融难以健康发展的问题所在,以便提出解决方法;其次采用文献研究法,通过图书馆、网络等途径调查文献并及时获取相关问题的最新调研报告来获得相关研究资料,从而全面、正确地了解掌握所要研究的问题;再次运用跨学科研究法，结合金融学的理论、方法和成果从整体上对该课题进行综合研究，以便对民间金融体系进行更为全面的论证。另外在论文资料收集方面，作者将大量搜集民间金融市场发达地区的民间金融相关资料，通过对调查搜集到的大量资料进行统计、分析、综合、比较、归纳，从而对民间金融市场存在的问题，以及解决方案进行系统性分析；最后就是用对比研究法，将我国的法律法规、市场需求、金融管理、社会人文结合别国的金融管理经验，探索一套符合我国国情的合法的民间借贷融资运作体系。

从微观层面上，主要就民间借贷的民事法律问题进行梳理和分析。首先，通过历史分析的方法，研究不同历史背景下"民间借贷"概念的内涵与外延，以此了解主体行为规则背后的特定社会因素，即可从历史演变的过程中总结经验，为未来制度或规则的完善服务；其次，通过类型化研究方法，结合市场实践，从法律视角对"民间借贷"进行了类型化分析，以期为立法的完善和有效规制提供依据和参考；最后，运用文献分析法及对比研究法，对现阶段民间借贷市场存在的各类乱象，以及司法实践中涉及民间借贷所面临的问题进行了归纳和阐释，并结合域外经验及我国实际，从国家立法层面、市场监管层面、权利救济层面提出完善建议，旨在使民间借贷回归其互利互惠、灵活便捷的本质属性，既符合其作为正规金融补充者与竞争者的市场定位，也能促进民间闲置资金的物尽其用。

第二章 我国民间金融市场治理的相关法律问题研究

一、民间金融概述

（一）民间金融的属性之争

在国际上，同民间金融相对应的概念是非正规金融（informal finance），世界银行认为，非正规金融可以被定义为那些没有被中央银行监管当局所控制的金融活动。德国学者赫克·施德瑞认为，那些在国家信用体系和相关金融法规控制之外的金融市场就是非正规金融。① 目前在我国法律体系中没有一个统一的关于"民间金融"的定义。总的来说，关于民间金融的属性有产权说、工商注册说和监管说等几种不同的学说。学者姜旭朝和李丹红在早期均支持"产权说"，认为民间金融包含所有民营金融主体提供的相关服务，他们将民间金融等同于民营金融，主要是以供给主体作为了划分民间金融的准据。② 但是姜旭朝教授其后又转而采用"工商注册说"，他将民间金融定义为未经工商登

---

① 高晋康：《民间金融法制化的界限与路径选择》，载《中国法学》2008年第4期。
② 姜旭朝：《中国民间金融研究》，山东人民出版社1996年版。

记而进行的金融活动。① "监管说"的支持者则认为，判断民间金融的关键点在于该项金融活动是否被纳入了我国的金融监管机构的监管范围。②

就民间金融的性质，中国人民银行曾做出如下定义："相对于国家依法批准设立的金融机构融资而言的，民间金融泛指非金融机构的自然人、企业以及其他经济主体（财政除外）之间以货币资金为标的的价值转移及本息支付。"③ 仔细分析央行所提出的概念明显过于宽泛，与国际上通行的定义不太一致。央行的观点主要是采用"工商注册说"，其认为判断民间金融的主要依据是参与金融活动的主体是否经过工商登记，得到国家依法批准取得从事金融活动的资格。只要是国家依法设立的金融机构以外的自然人、企业及其他经济主体之间进行的资金融通活动，即是民间金融。相比之下，国际上对民间金融的定性主要是采用"监管说"，其依据是该类金融活动是否在"国家信用体系和相关金融法规控制范围之内"。上述两组概念的最大区别在于：前者强调民间金融活动的主体是国家依法批准设立的金融机构以外的自然人、企业以及其他经济主体，换言之，掌握民间金融主体范围的标尺在于国家是否依法授予某机构以金融从业资格；后者则主张民间金融活动的主体资格并不受国家行政工商审批行为的影响，正规金融活动的参与主体可以是未经国家依法批准设立的机构，只要该机构处于国家信用体系和相关金融法规控制之内，受到中央银行及政府相关机构依法监管即可。

---

① 姜朝旭、丁昌峰：《民间金融理论分析：范畴、比较与制度变迁》，载《金融研究》2004年第8期。
② 左柏云：《民间金融问题研究》，载《金融理论与实践》2001年第5期。
③ 《央行重申民间借贷合法性，称是正规金融的有益补充》，载于搜狐财经，http://business.sohu.com/20111111/n325260424.shtml，2018年9月11日访问。

(二) 民间金融的属性定位

1. 民间金融与相关概念的厘清

民间金融既然是一个并不存在于我国法律体系中的概念,那么有必要先厘清其与其他金融概念之间的关系,方能进一步论述其体系。

在计划经济条件下,民间金融通常被认为是官办金融对立面,即一切非官方的、非公有制的金融形式都是民间金融。在这种观点的影响下,民间金融也被自然地与民营金融划等号。但事实上,民营金融和民间金融这两个概念的属性之间存在极大的差别。例如,民营金融的主体实际上就是经营权非国有的、由国家工商行政管理部门批准设立的各种金融组织和实体,而民间金融的主体则是所有权和经营权非国有的、没有登记注册的自然人、法人及其他组织等经济主体。对比两组概念的区别,可以证明20世纪90年代将民间金融等同于民营金融、与官办金融对立的分类方法并不周严。有学者就指出,两种金融活动虽然在参与主体范围方面存在相同之处,但也有着极大的差别。民间金融属于非正规的金融制度安排,具有自发性和自主性,相关权益和责任缺乏法律保护;民营金融则属于正规的金融制度安排,相关权益和责任受到法律的保护。[①] 还有学者就此做出了更为详尽的分析:按照民间金融和民营金融的概念区别,民营金融仅是限定了经营权非国有,换言之就是并未限定其所有权是否是国有的,因此民营金融的所有权无论是否归于国有,只要满足经营权非国有和经过国家工商行政管理部门批准设立这两个条件就视为民营金融。这意味着官办金融并不能涵盖民营金融,因为有些所有权非国有,同时经营权非国有并经工商行政管理部门批准设立的金融

---

① 张松:《民间金融与我国金融制度变迁》,载《江苏社会科学》2003年第6期。

组织也属于民营金融，可以姑且称之为非国家所有民营金融。如果官办金融和民间金融是一个集合的所有组成部分，那么如何解释这一集合未涵盖非国家所有民营金融这一部分实际存在的金融实体。答案就是我国的金融体系应当由官办官营金融、民营金融和民间金融这三部分实体组成，这也就解答了民间金融的定义的关键不在于其是国家享有所有权还是经营权的组织，因为顾名思义，它天生是属于非国有非国营的"双非"金融组织，其重点在于是否经过国家工商行政部门的注册登记。[①] 这种以"工商登记"为依据，将没有经过国家工商行政部门注册登记的各种金融组织形式、金融行为、金融市场和金融主体划归于民间金融范畴的做法，的确比以往更为周严，但仍没有与国际的主流意见接轨。

世界银行将金融分类分为正规金融（formal finance）与非正规金融（informal finance）。非正规金融与正规金融是一组相对应的概念，其中非正规金融是指那些没有被中央银行监管当局所控制的金融活动。非正规金融的外延主要包括私人借贷、轮转基金、信用合作社、典当、财务公司，以及某些非政府组织等仅具有个体性风险的，采用原生、传统信用模式的金融活动。一旦这些金融活动的规模和复杂性达到需要对其干预的程度，并对正规金融产生替代作用，便应当将其转化成正规金融加以规制。随着社会经济的发展，我国金融活动进入了前所未有的活跃期，金融形式也日新月异。在这种大背景下，如何做到既能不打击金融活动主体的积极性，同时又能够保障金融风险始终控制在合理的范围之内是政府面临的一大难题。按照以往的做法，将"工商注册"作为划分民间金融范围的红线，则会产生一系列的问题：一

[①] 高晋康、唐清利：《我国民间金融规范化的法律规制》，法律出版社2012年版，第11页。

方面，从事民间金融活动的主体可能在进入金融业务领域时的目标是得到工商登记管理部门的批准许可，最终转化成为正规金融机构并向公众提供金融服务。但如果以工商注册作为身份转化的唯一途径，会使得部分有志于转化从事正规金融业务的主体望而却步，或者在刚进入民间金融领域时就只选择从事工商部门所规定的正规金融业务。这显然不利于民间金融向正规金融的转化，也无益于民间金融的创新。另一方面，仅将工商管理部门依法批准的金融活动纳入正规金融是否有过于刻板之嫌，因为经过工商部门登记注册的金融机构并不一定处在金融监管机构的有效监管范围之内，而未经过工商部门登记注册的金融活动主体也并非不需要金融监管机构的监管，金融活动的风险性始终是处于变化的状态，民间金融活动随时可能因为其规模和复杂程度骤然增加，而需要转化为正规金融受到国家金融监管机构的规制。因此，仅以是否在工商部门注册登记来死板地区分民间金融和正规金融，很可能无法及时应对民间金融活动的风险变化，从而产生诸多监管漏洞。相比之下，这种以该项金融活动是否纳入金融监管机构的监管范围作为定性民间金融的理论目前更具有合理性。综合前面两种意见，有学者就提出："民间金融是与正规金融相对应的，以个体信用为基础的，主要服务于不能或者不便于从正规金融途径获得金融服务的主体，且在我国目前是没有按照法定程序进行登记，没有取得经营某具体金融业务的法律授权，不直接受相关法律保护的一种自发的金融行为。"[①]

上述说法相较于以往的对民间金融的阐释显然更为合理，由此笔者认为可以得出以下信息：民间金融是相对于正规金融所存在的一组概念，其泛指未纳入我国金融监管机关监控管理的自然

[①] 刘少军：《我国民间金融的功能定位与监管体制研究》，载《中国政法大学学报》2012年第5期。

人、法人及其他组织等经济主体之间的资金融通活动，属于非正规金融范畴。

2. 民间金融属性存在误读的缘由与澄清

从上述概念分类中我们也可以获得一条潜在信息，即正是由于民间金融在历史上被误读，才导致了其被划在官办金融的对立面，而且在我国法律体系中没有正式的立法明确这一概念的存在。实质上，民间金融和所谓的官办金融是我国金融业的有机组成部分，两者缺一不可且又是相互促进的。因此，这种传统的国家金融建设指导思想其实流毒颇深，这就好比封建社会的"重农抑商"国家法令政策，统治阶级出于种种原因做出判断商事活动对于社会发展是不利的，从而在国家经济发展的基本法令和政策中强调抑制商业发展，大力发展农业。但事实最后证明这样的经济发展策略是不合理，也成为中国这个世界上曾经最大经济体在世界贸易发展的黄金时期被远远甩在后面的主要原因之一。由此可见，一个国家的基本法律政策和相关的指导思想在一国的经济发展中有多么重要，对于目前我国的关于民间金融发展的基本法律政策和主导思想应当重新审视，做出客观的判断，以免再次阻碍国家经济发展的脚步。

二、我国民间金融市场的发展状况

（一）我国民间金融市场的发展历程

梳理我国民间金融市场的发展历程，可以发现这样一个演化脉络。首先，1949年新中国成立之后，国家各项事业百废待兴，全面恢复生产和经济建设成为首要大事。而在这样的大背景下，计划经济模式成为国家恢复建设的首要选择，举国的金融资源都由唯一的金融机构——中国人民银行垄断，其他形式的资金行为和金融组织形式均受到不同程度的打压。① 其次，直到改革开放以后，经济体制逐渐由计划经济向市场经济转型，政府对民间金融的管制有所松动，但基于金融服务政府目的的考量，国家对金融市场总体上仍然进行垄断控制。不过国家对民营企业采取银行利率、信贷配给、金融市场准入等政策限制，民营企业在发展中普遍存在融资难的问题，也正是在此阶段，包括民营企业在内的部分经济主体将融资的目光转向了民间金融渠道。这一时期的民间金融形式单一，主要包括各种形式的会、私人借贷、私人钱庄等，金融活动主要是建立在血缘、亲缘、地缘3种基础上的民间互助性资金融通关系。② 再次，随着改革开放的深入，经济增长逐渐提速，国家整体经济发展形势也逐步变好。我国民间金融市场经过一段时间的宽松期后，在规模和形式上均有了较大发展，但随之而来的是其内生性和自发性的弊端开始显现。这一时期，开始出现了一些大量吸收民间资金、扰乱金融管理秩序，甚至具有诈骗性质的集资现象。在1995年至2004年间，国家针对民间金融的政策又逐渐收紧。最后，随着市场经济体制改革进入深水区，民间金融市场出现变化，民间资本的投资渠道得到扩展，民间金融创新逐渐增多，政府对于民间金融的管制理念也随之进行了调整，这主要表现为以下几个方面：一是政府针对民间金融市场的管制措施逐渐放松；二是国家针对不同民间金融组织的类型化法律规则逐渐出台；三是针对民间金融犯罪行为的立法规则更加专业化、规范化。③

---

① 方玉兰：《我国民间金融的法律规制研究》，2016年上海社会科学院硕士学位论文，第7页。
② 刘书凯：《我国民间借贷市场法律规制问题研究》，2017年河南财经政法大学硕士学位论文，第23页。
③ 方玉兰：《我国民间金融的法律规制研究》，上海社会科学院2016年硕士学位论文，第11页。

纵观民间金融的发展趋势，不难发现其呈现以下几点规律：首先，我国民间金融的总体规模发展迅速并且在未来依然有极大的潜力。这一点从 2000 年到 2010 年的增量就可以看出来，而我国经济增速虽然在近年来放缓，但仍然会在未来保持较为强劲的势头，这也为民间金融的发展提供了潜在的市场。其次，民间金融在发展过程中所暴露的问题也越来越多、越来越复杂。这些问题不仅体现在借贷方，同时也体现在出借方。此外，涉及民间金融的刑事犯罪活动也逐渐频繁且形式多样。最后，政府对民间金融发展所施加的管制措施也在逐年做出相应的调整，由最初"一刀切"的禁止入场措施，到逐渐放松民间金融市场的准入，再到针对民间金融市场采取僵化的严格准入政策，最终转变对民间金融的管制观念，实施具有更强针对性的民间金融分类化监管。总的来说，民间金融的发展历程呈现出了发展快、潜力大、问题多的特点。

（二）我国民间金融市场的格局分析

表 2-1[①]对我国各地的民间金融的发展环境做出了类型划分。

表 2-1　根据合会发展条件对我国各地类型化划分

		区域经济发展程度	
		低→高	
社会环境	规范 ↑ 宽松	类型Ⅰ	类型Ⅱ
		类型Ⅲ	类型Ⅳ

表 2-1 是按照不同地区的经济发展程度以及当地的社会制度环境不同情况所做的划分，其主要目的是观察经济发展和社会

---

① 高晋康、唐清利：《我国民间金融规范化的法律规制》，法律出版社 2012 年版，第 102 页。

环境的不同组合下，不同地域之间金融发展环境的差异。表中类型Ⅰ是指社会制度相对严格，同时经济发展程度又相对落后的地区。这些地区由于并不适宜民间金融的生长，所以在这里就没有讨论的必要。类型Ⅱ是指社会管制比较严格，但是经济发展程度却相对较高的地区，如上海浦东等。这些地区由于是属于国家经济建设的重点区域、全国金融业中心，所以既可以得到国家的经济政策的重点扶持，享受国家的源源不断的资金投入，同时该地的企业又不缺乏正规金融机构的融资渠道，且政府对于这些地区金融的法治成本投入也十分可观。这主要是保障当地的经济运行处于平稳和规范的状态，以免产生任何大规模风险波及全国的其他区域。类型Ⅲ是社会环境相对较为宽松，没有过多复杂的规章制度的限制和约束，但当地经济环境却仍处于比较落后的发展状态的地区，这主要包括我国多数的农村地区。这些地区由于正规的金融企业很少，金融资源匮乏，甚至有些地方连基本的农村合作信用社这样的金融机构都没有，因此民间金融在这些地区有较广泛的生存土壤，其可以满足当地居民的生活和生产的多种需求。类型Ⅳ是指政府管制较少，同时经济又处于较发达状态的地区，主要有苏南、浙江、福建等。这些地区是改革开放以来首先发展起来的沿海地区，经济发展程度高，但由于这些地区的经济体构成主要是以民营中小企业为主，并不是国家经济重点管控地区，所以这些地区获得国家的扶持不多，但是规章制度却相对宽松。同时由于这些地区民营经济发达，经济需求量大，但国家正规金融渠道所提供的资金难以满足当地大量的中小企业的个性化需求，于是民间金融成为当地中小企业主的主要选择之一。根据上面的分析可知，类型Ⅲ和类型Ⅳ两个区域为民间金融的发展提供了主要的生存土壤，也是民间金融市场相关研究的重点对象。

(三) 我国民间金融市场快速发展的原因分析

1. 我国中小型企业生存的迫切需求

1) 我国中小型企业存在融资难的困境

根据对我国民间金融市场格局的分析，虽然包括中小企业在内的众多经济主体都是民间金融存在需求的主要群体，但目前我国的民营中小型企业对于通过民间金融渠道进行融资有着最为迫切的需求。可事实上，无论是在客观偿贷能力还是偿贷意愿推测的博弈中，中小型企业的这一群体都被归为高风险对象而很难获得正规金融机构贷款。2011年，一份针对全国各地的143家中小企业所做的中小企业生存状况调查报告显示，融资难、人工贵、税费高成为困扰和阻碍中小企业发展的三大难题，其中"融资难"成为这些年来困扰中小企业的最大难题。虽然大部分企业认为自己资金周转状况正常或良好，但是还有超过5成的中小企业决策者承认"融资难"是中小企业当前面临的最大困难。

2) 我国中小型企业融资难的原因

中小企业出现融资难的困境的原因是中小企业很难在常规的金融渠道获得融资。常规的融资渠道包括银行金融机构以及非银行但经过国家相关部门登记从事相关融资服务的金融机构。这些金融机构多数都是由国家实际控制，因此在国家资本优位的经济发展基本思路下，正规金融优先考虑帮助开展融资服务的对象首先是国家项目和国家所控制的大中型企业，其次也是相对于民营中小企业具有更大抗风险能力的大型民营企业，最后才是中小企业。

如果进行更深一层次的分析，其原因主要有以下两个方面：

第一，银行作为放贷方，其优先考虑的是借贷方的企业的偿贷能力，这牵涉银行的成本回收和利润回报的问题。作为银行这种专业金融机构，要同时面对大量的融资请求，如何遴选这些借贷主体，判断其是否符合前一标准，即具有还本付息能力是至关重要的基准点。但是由于在评估借贷请求的时候,部分企业的发展前景还处于不可预期的状态,受到许多不确定因素的影响,如国家政策的变动、企业内部人才培养、市场供求的变化、企业自身技术的革新等。这些因素复杂多变,即使再完美的数学模型都难以准确地预期其变化趋势。基于这些不确定的风险因素,银行是否还选择投资该项期权,如何将投资风险降到最低、保证回本与收益成为进一步需要解决的问题。而解决的关键就转向了设定一个基准线帮助评判贷款方的偿债能力,这种方法会帮助企业进行基准性选择,换言之就是可以保证银行在同一时间段内的贷款利润总额保持在损失总额之上,这条基准线称为波动率。因为根据经济学原理,期权定价的决定性因素是资产的波动率,期权的价格与波动率呈正比,因此银行在选择放贷对象时会选择那些波动率较小的企业。相比较而言,大企业的资本雄厚,资金流稳定,业务分布广泛,自然抗风险能力较强,波动率较小;反观中小企业,其特点为运营资本规模小,业务单一,易受外部经济环境影响,波动率较大。显然,银行在两者之间会更为青睐将资金投入风险较小、稳定性更高的大企业,以期获得回报。

第二,经济学家斯蒂格利茨(Stiglitz)在其1981年的一篇论文中提到"非瓦尔拉斯均衡"理论,该理论通过"信息不对称"的理论框架解释了中小企业融资难的现象出现的原因。其主要内涵是银行在对企业贷款请求进行评估的时候,主要是通过偿付能力和偿付意愿两个方面作为出发点进行分析。上文已经提到了银行对于企业偿付能力的评估标准,实际上,偿付意愿在借贷活动中也是一项重要指标,不过相对于偿付能力而言,其只是一项偏主观的弹性指标。具体而言就是银行在审批贷款请求的时候,会综合考虑到"道德风险"因素,即企业是否存在冒险虚报数据以获取贷款的行为,包括从多个方面进行调查,如借贷方的商业信誉记录等,用以评估贷款的风险系数。这种做法的前提就是上文所提到的"不确定性因素"存在,而要对借贷方企业的发展前景进行预估就必须了解该企业的基本情况,在实践中要做到全面了解或者达到企业自身的了解水平都是不太现实的,因为银行对于企业的实力以及贷款用途等信息的了解总是少于企业自身,这就造成了"信息的不对称"的难题。在这一前提下,如果有些企业做出冒险骗贷的行为,银行很难预见。鉴于此,银行为了保护自身利益,就期望通过对所有客户采取提高利率的方法来分担该"道德风险"。这样的行为使得风险小的客户承担不必要的高利率,而分担了高风险客户的责任。在极端情况下,当利率升高到普通客户无法承担的时候,小风险客户就会因为无法承担或不愿承担该项支出而选择退出市场,留给银行的都是高风险客户。这种行为称之为"逆向选择"。[①] 为了避免这样的结果发生,银行自然会选择避免贷款给高风险客户,而不是用单纯以提高利率的方式解决问题。这就又回到了前文关于依据企业偿债能力来选择贷款对象的话题,何为高风险客户,按照银行的划分就是波动率高的企业,即中小企业。结果是在这一轮的信贷对象选择中,中小企业再次被淘汰。

根据上面对银行信贷业务遴选标准的分析我们可以获知,民间金融近年来兴盛的重要原因之一便是在于正规金融机构无法满足所有企业的融资需求,特别是中小企业。任旭华、周好文认为,金融制度供求失衡,意味着现存制度下的巨大利益空间。而当现存制度存在巨大的难以开发的潜在利益时,必然存在制度变迁需求。因为制度变迁势必在某种程度上弥补制度供给不足,满足对金融服务的需求,因而孕育着丰富的制度变迁收益。民间金

---

① Joseph E. Stiglitz, Andrew Weiss: Credit Rationing in Market with Imperfect Information. The American Economic Review, Vol. 71, No. 31, June 1981.

融正是因其激励效率高、运作灵活、信息传递快、交易成本低以及所有制关系对称等而成为市场机制诱生的一种制度变迁。①

2. 国家宏观经济政策波动性强

企业选择向正规金融机构进行融资借贷就意味着在更大程度上受到国家金融政策波动的影响。这一现象的原因主要是正规金融机构其本质还是属于国家金融政策调控的工具之一,国家正是通过对正规金融机构的管控,包括利率的调整、货币的发行等金融手段对国家经济进行宏观调控的。因此,一旦国家金融政策发生变动,就必然会激起"连锁反应",影响到企业的各项业务,其中就包括金融业务。例如,国家通过央行实行银根缩紧政策,其结果会使得金融业务大量缩减。银行作为受到政府直接管控的金融机构必然会首先保证大型国有项目或企业的融资需求,那么中小企业的生存压力就会加大,生存空间就会受到压缩。以"温州奥米流体设备科技有限公司董事长孙福财出走事件"为例,该公司董事长孙福财在事后曾表示:他的企业产品好、市场大、利润高、发展前景良好,自己跑路主要是因为资金链断裂。而发生这一情况的诱因是,前几年企业因为生意红火向银行和民间分别借贷了数千万元,用于扩大生产规模。不料自 2011 年以来,随着国家因银根收紧,企业需要续贷的数千万元银行资金出现反常,时隔一个月仍迟迟放不下来,这使得企业流动资金紧张,正常的业务经营难以为继。另以温州"立人集团案"为例,立人集团成立之初就是以办学为主要经营业务,但办教育是个长远的事,难以短期获得回报。在办学的头几年,立人集团一直处于亏损状态。为了弥补教育的亏空,从 2003 年开始,立人集团的发起人董顺生抓住当时矿产、房地产业等暴热、暴利的机会,相继

---

① 任旭华、周好文:《中国民间金融的诱致性制度变迁》,载《华南金融研究》2003 年第 3 期。

到内蒙古鄂尔多斯、江苏淮安等地开拓矿产、房地产，走"以矿补教""以房补学"之路。开始立人集团的确是在这些产业上获利颇丰，但是国家从紧的宏观调控政策使得该公司许多房地产项目滞销，资金无法回笼。同时，在内蒙古鄂尔多斯等地投资的煤矿产业，受到"限产"政策影响严重，使得企业资金链断裂。[①]这两个例子充分说明了国家政策波动对于金融市场的影响力以及对于整个市场经济的冲击力都是十分巨大的。这样的大的潜在风险是中小企业难以承受的也是它们不愿意看到的，所以中小企业转而寻求民间资本的支持也是情理之中的事情。

国家宏观政策固然会对金融市场产生极大的辐射效果，但经过深入的研究会发现，促使国家做出宏观政策调整的，恰恰又是国家的经济发展形势。就我国目前的投资热点区域来说，房地产市场的火热发展引起了国家的对于泡沫经济的担忧，于是就有了关于楼市的各项金融借贷宏观政策的出台。例如，2010年4月，国务院出台具体措施，要求对贷款购买第二套住房的家庭，贷款收付款不得低于50%，贷款利率不得低于基准利率的1.1倍。同年10月，中国人民银行宣布，自本月20日起，金融机构一年期存款基准利率上调0.25个百分点，由现行的2.25%提高到2.50%；一年期贷款基准利率上调0.25个百分点，由现行的5.31%提高到5.56%。[②]相类似的还包括国家通过金融手段对于股票市场的调控，这些国家金融宏观政策在调控房地产以及股票市场的同时实际上对我国的金融市场也产生了极大的影响，许多企业考虑到金融政策的收紧自然不会选择通过常规的金融机构进行贷款融资，因为成本太高且审批困难，这也就使许多企业将融

---

① 胡万强、林坚强：《温州民间借贷风暴》，中国民族摄影艺术出版社2012年版，第118页。

② 《2010年至2011年国家房地产宏观调控政策汇总》，载于百度文库，http://wenku.baidu.com/view/d941bffcf705cc1755270996.html，2018年9月20日访问。

资渠道转为民间借贷。此外，由于国家宏观政策对于房地产、股市等相关市场的限制和压缩，从而使得本来投向这些市场的资本闲置，资本持有人必然要寻找资本投入的替代领域，高回报的民间融资成为不错的选择。

3. 民间融资是一种"看涨期权"

根据莫顿的结构模型，股权可以看成是对企业的看涨期权，因为企业任何超过负债的价值都将归于股权所有者。而中小企业由于其高风险、高回报的特点，对股权投资更具有吸引力。这给予了处在难以获得银行贷款困境中的中小企业一个希望，即以股权投资的形式吸纳民间资本作为企业存续和发展的保障，其实际操作效率以及成功率均高于向正规金融机构寻求贷款帮助的方法。同时对于放贷人而言，贷款给中小企业，风险固然大，但是由于高利率的杠杆作用，其回报收益也是投资大型企业所无法比拟的。因此对于中小企业和民间金融主体来说，这是一个双向选择，同时在多数情况下也是一个双赢的选择。有调查就显示，在民间金融发达地区，民间金融很多是以股权投资的形式出现的。

4. 民间融资手续简便灵活

正规金融机构为了规避风险，设置了多层的前置程序用以评估借款对象的偿贷能力，而这也使得在正规金融机构贷款的程序和手续烦琐复杂，要求提供的材料过多，贷款担保的要求过高。这些对于大多数仅仅需要短期融资的企业来说，是一种无谓的成本付出。相反民间融资方式的程序就比较简便，如 Besley 和 Levenson 指出，非正规金融组织在快速增长的转型经济中具有非常高的灵活性，满足了那些被正规金融机构拒之门外的中小企业和家户的融资要求，有助于跨期平滑生产经营和生活中的风险与不确定性,促进了经济增长。① 鉴于此,期望获得资金进行短期周转的企业自然会选择贷款手续简单,担保方式灵活,用款、还款方便的民间金融帮助其进行融资。

5. 正规金融机构发展不健全

我国的金融市场发展起步本来就比较晚,而且至今金融市场的建设仍不发达,这严重阻碍了企业的融资渠道,因此许多企业选择了转向民间融资。但是在发达国家似乎就不存在相同的问题。举例来说,美国有超过 8000 家小银行,同时还有银行外的非银行金融机构。这些机构为中小企业提供了多样的贷款选择和充足的资金支持。反观一些发展中国家,由于正规金融的发展程度很低,民间金融成为企业发展融资的主要渠道。比如 Michael Aliber 所做的调查研究证实:在乌干达和印度,非正规金融是非正规部门的企业主创办企业所需资金的主要来源,不论从哪个角度考察,其提供的金融支持都远远大于正规金融机构,同样的情况也发生在墨西哥、埃及等国家。② 我国目前民间金融的逐渐兴盛的原因与这些国家一样,是由于正规金融业尚处于不发达阶段。正如 Besley 所提出的观点:发展中国家缺乏金融市场,"非市场制度"成为消解正规金融体制中积累的风险和缓解融资困难的重要工具。③

6. 民间闲散资金大量累积

随着我国民营经济的快速发展,社会财富大量积累,民间闲

---

① Timothy Besley, Alec R. Levenson: The Role of Informal Finance In Household Capital Accumulation: Evidence From Taiwan. The Economic Journal Vol. 106, No. 434, January 1996.

② 林毅夫、孙希芳:《信息、非正规金融与中小企业融资》,载《经济研究》2005 年第 7 期。

③ Timothy Besley, Alec R. Levenson: The Role of Informal Finance In Household Capital Accumulation: Evidence From Taiwan. The Economic Journal Vol. 106, No. 434, January 1996.

散资金也逐渐增多，而民间持有闲散资金的群体都希望寻找投资渠道使自己的财富能够得到增值。但是囿于民间闲散资金持有者能力有限和低端产业逐渐被市场淘汰等诸多原因，民间资本可以选择的投资渠道并不多，这就使得民间资本逐渐将目光转移到金融行业上来。前面分析过，我国长期存在中小企业融资难的问题，这种迫切的资金需求为民间资本的流向提供了极大的市场，出于趋利性的动因，民间资本纷纷入场。同时由于民间金融市场供需关系的失衡，用资方常常会在高利息的融资关系中妥协，以求维系企业的生存，而出资方则在融资过程中利用失衡的供需关系牟取暴利。

（四）我国民间金融体系的重大缺陷

民间金融虽然是有其存在的合理性，但是任何制度都有其缺陷，更何况是以盈利为目的金融活动，由于利益的驱使就更容易产生隐患。民间金融作为金融活动的一种，偶尔也有失灵的时候，主要体现在以下几个方面。

1. 民间金融的不透明性

信息在金融市场中占据十分重要的地位，甚至可以说金融市场就是进行信息生产、传递、扩散和利用的市场。因为如果没有信息的支撑，就无法做出合理的商业判断，而商业预期是判断投资前景的基础。由此可见，信息对于金融业的发展起着至关重要的作用。上文曾阐述过，由于出资方与融资方之间存在信息不对称的情形，就造成中小企业寻求融资却因为信息不对称而无法精准匹配合适的出资方等问题。实际上，同样是由于信息不对称的原因，会造成部分出资方企业对融资方的信息难以充分掌握[①]，这往往会给融资方提供非法占有或者滥用借贷资金的机会。而造成上述现象的主要原因包括以下两个方面：其一，部分出资方的实力有限或者没有意识到信息的重要性，花费在获取融资方偿债能力和经营信息方面的调查工作和投资相对较少，因此很难及时掌握融资方的信息；其二，任何没有监督约束的对象都存在滥用权利或者权力的风险，当融资方发现自身处于不被监督的状态下，其运营信息不易被他方获取，而且到期违约收益远远高于其合理经营的收益时，道德风险便随之产生，融资方可能会选择刻意掩盖真实信息，以便于其实施前述非法占有或者滥用投资资金的行为。

2. 民间金融的脆弱性

由于民间金融活动的资金链上每个环节都很薄弱，造成了民间金融体系的脆弱性。首先，资金来源的脆弱性。民间金融的出资方多为小企业或普通自然人，这类群体的收益或者说收入普遍较低，一旦无法收回出借资金，将严重影响着他们的经营和生活。其次，借款人经济能力的脆弱性。借助于民间融资渠道的多数是规模小、实力弱的中小企业或者农户。这类群体，本身需要通过民间融资才能生存和发展，这说明其本身的抗风险能力比较差，一旦遭受外部冲击是没有抵抗能力的。最后，除少数私人钱庄之外，大多数民间金融活动都是分散的，组织化、市场化程度很低，缺乏正规的组织形式、良好的运行机制、有效的约束机制和风险管控机制。此外，民间金融活动还具有非正式、不规范、

[①] 融资方的信息主要包括两方面内容：其一是融资企业或个人偿债能力的信息，他对于出资者决定对一个金融组织的资金注入或者撤出有着重要意义；其二是融资企业的经营信息，这些信息将影响出资人的风险和收益。陈蓉：《"三农"可持续发展的融资拓展：民间金融的法制化与监管框架的构建》，法律出版社2010年版，第116页。

高风险等特征,自身的风险意识、管理能力和风险控制能力相对较弱,自有资金比例低,长短期贷款结构不合理,容易陷入流动性危机,甚至造成系统崩溃。①

3. 民间金融的消减性

民间金融多数处于政府管制的范围以外,一般不直接受到中央人民银行的存款准备金率变动的影响,不参与公共市场业务,仅仅依靠三大货币政策工具均难以对其起到调控作用。同时民间金融又有着与官方金融同样的资金融通功能,就像是一个集合的两个组成部分,一个部分的膨胀和扩展必然导致另一部分的萎缩,总的来说就是"此消彼长"。因此,民间金融的存在及融资活动比率的扩张,必然会抵消和对冲央行放松或紧缩银根的货币政策。当经济过热,中央银行实行紧缩型货币政策是为了减少市场上货币的流通总量,从而缓解市场上"通货膨胀"的压力和区域性投资盲目扩张等情况。但民间金融过于活跃,就会保持原先的货币流通速度甚至有所提高,同时某些企业或单位由于民间金融活动的支撑,最终造成对于应当压制的投资领域没有起到效果,而国家原本不打算压制的投资领域反而受到抑制;当经济紧缩,国家采取宽松的货币政策时,由于民间金融市场活动的刺激,可能使得有限度的放松变成超限度的扩张,增加了通货膨胀的压力。由此可见,民间金融的存在实际上扩大了金融市场中的货币供应量,而这一部分货币供应量又在中央银行的监控之外,且其波动缺乏规律性,加剧了经济运行中涉及货币供应量的波动趋势,使得国家力量更难以掌控。

4. 民间金融的逐利性

"制度是为人们所服务的,它具有降低交易费用、提供激励

---

① 陈蓉:《"三农"可持续发展的融资拓展:民间金融的法制化与监管框架的构建》,法律出版社 2010 年版,第 117 页。

以及增加收益的功能，同时它对社会行为具有约束效力和指引作用。"① 制度在短期内一般是相对比较稳定的，但从长期来看制度也是处在不断变化之中的，这主要是因为制度需要适应人的需求，而人的需求本身是处在不断的变化之中的，当制度的供给无法满足人的需求之时，供需关系失衡会推动制度的变迁，形成新制度来满足人们新的需求。制度变迁理论在发展过程中分化出诱导性制度变迁和强制性制度变迁两种主要形式。其中，诱导性制度变迁是在响应制度不均衡引致的获利机会时由部分人自发倡导、组织、推行的。换言之，诱导性变迁是在原有制度无法满足部分群体的需求时，导致这部分群体的迫切需求转化为极大的获利机会，从而诱导人们自发地改变现有制度以追求上述获利机会。也正是因为如此，诱导性变迁具有自发性、营利性和诱致性3个特点。② 在诱导性制度变迁的过程中，如果新制度的诞生处在政府合法有效的监管之下，并不容易出现法律规制失控的局面。一旦民间金融遇到政府的消极作为，则很有可能使民间金融市场陷入混乱之中，民间金融活动的参与方在权衡利弊后，很有可能为追求利益最大化进行野蛮生长，最终民间金融市场不仅无法发挥其本身的积极作用，还有可能成为部分人攫取非法利益的地方。除此之外，即便政府采取积极监管措施，但由于民间金融活动是基于血缘、亲缘和地缘关系而发生的，出资方和融资方并不会通过常规的金融平台进行交易，因此具有极强的隐蔽性。一旦民间金融活动的参与各方为了追逐高额利益，利用地下平台进行金融活动，则这些民间金融活动极难为国家金融监管机构所获知，更无法对其实施有效监管。

---

① 陈向阳、李月丝：《民间金融改革的理论与案例分析》，载《征信》2017年第7期。
② 陈向阳、李月丝：《民间金融改革的理论与案例分析》载《征信》2017年第7期。

三、我国民间金融体系的组织结构分析

(一)民间金融的组织结构类型

根据第一章的分析可知,民间金融的发展区域主要分布在类型Ⅲ和类型Ⅳ这两种区域,而其中由于类型Ⅳ的经济总量高和融资需求高,资本储备更充足,因此民间金融更集中、更活跃。温州作为类型Ⅳ所涵盖的区域之一,且在该区域中属于民间金融较为发达的地区,因此比较有典型性。民间金融包括的主要形式有:一种是"会";一种是经"钱中"居中牵线的借贷;还有一种是最常规的亲戚邻里间的直接借贷。[①] 类型Ⅲ区域以农村地区为主,民间金融形式主要包括自由借贷、私人钱庄、合会、典当、民间集资、民间贴现和其他民间借贷组织。如果将这些现实存在的民间金融的组织形式加以类型划分的话,主要是有以下3种类型:一是无组织无机构的个人借贷和企业融资,如企业相互融资、企业非法集资等;二是有组织无机构的各种金融"会",如标会、要回、合会、呈会;三是政府没有认可的有组织有机构的各种金融形式,如私人钱庄、典当行。在上述3种类型的民间金融中,第一种类型,即无组织无机构的个人借贷或企业借贷是最为普遍存在的民间借贷手段,但是由于这种民间借贷渠道主要是以点对点的形式存在,因此其所涉及的利益方的范围比较窄,很难产生比较大的金融风险。同时由于是发生在普通自然人个体之间的金融借贷行为,政府如果介入管控会付出很大的成本,并会因为没有足够大的监控网络而收效甚微。第三种类型,即政府没有认可的有组织有机构的金融主体,由于其交易方式与第一种类型相比有一定的既定交易模式,需要完成一定的手续,所以其属于相对正式的金融交易方式。因此,政府对于这一类型的民间

---

① 吉门、马玉美:《罪与非》,中国政法大学出版社2012年版,第28页。

金融多采取积极介入的态度，管控的力度仅次于正规金融机构。而相较于其他两种类型的民间组织，第二种类型中的"会"是民间金融存在的最基本形式之一，对民间金融初期资本积累的贡献最大。不过由于其是以有组织无机构的形式存在的，所以一般其交易活动相对比较隐蔽。同时其组织结构又是以"金字塔结构"存在，这意味着"会"这样的民间金融组织，是一种牵涉多方利益主体的隐蔽的民间金融模式。这样的一种模式不易于监控，同时由于参与人众多，所以其金融风险也较大。下文将重点对"会"这种民间金融组织形式加以深入讨论，以探讨民间金融的未来发展道路。

（二）我国民间金融组织样本分析

1. 我国主要民间金融组织——合会概述

1) 合会的概念与性质

合会，在我国通常称之为"会"，英文是 Rotating Savings and Credit Association（简称 ROSCA），国内一般将之译为"轮转基金"，也称之为"周转信贷协会"。[①] 在中国，合会根据实际运行特点的不同，含义上有广义和狭义之分。广义的合会是指综合性的互助合作组织；而狭义的合会专指以钱为运作标的的互助合作组织。[②] 本书的研究对象主要是后者。关于合会的性质，台湾学者林诚二认为：所谓合会，会首与会员间订立契约，会员与会员之间并无法律关系存在，首期合会金由会首取得，其余各期由得标会员所得。合会定期开标，以标金（会息）高者为得标，会员得标后，其他会员及会首必须交付会款，自此期起该得标会

[①] 高晋康、唐清利：《我国民间金融规范化的法律规制》，法律出版社 2012 年版，第 90 页。

[②] 单强、昝金生：《论近代江南农村的"合会"》，载《中国经济史研究》2002 年第 4 期。

员丧失投标权利，而必须以其得标所定之标金交付会款于会首，再由会首转交给该期得标会员。以此类推，直至合会所有期数完成为止。① 美国学者 Bouman 指出：从本质上看，合会是一种独特的以某种"对称的互惠主义"为原则的资源分配模式，即在一个团体中通过一定的契约实现资源的汇集和再分配，以帮助成员应对资源稀缺、风险和不安全感带来的种种压力。通过合会这种方式进行集中和再分配的"资源"涵盖较广，不仅包括货币，而且包括劳动、各种生产性和生活性实物等。在此定义的基础上，他进一步给出了一个更宽泛的框架来概括合会这一机制：合会是有一定数量的个人组成的团体，该团体的成员需要在每个规定的时间交纳一定数量的某种资源以形成一笔基金，按照某种约定的顺序，轮流将汇集起来的基金交由成员使用，每个会员得到一次基金，在相当数量的成员都得到基金后，合会宣告解散。② 根据上述学者的分析可知，合会运转共通的基本规则是：一个自然人作为会首，出于某种目的（如孩子结婚上学、造房子、买生产原料等）组织起有限数量的人员，每人每期（如每月、每隔一月、每季、每半年、每年等）拿出约定数额的会钱，每期有一个人能得到集中在一起的全部当期会钱（包括其他成员支付的利息），并分期支付相应的利息。谁在哪一期收到会钱，由抽签或者对利息进行投标等方式来确定。合会不是一个永久性组织，在所有成员以轮转方式各获得一次集中在一起的会钱之后，一般即告终结。

2）合会的基本运作模式

由上面的定义可知，合会中一般存在两种成员，即会首和会

---

① 林诚二：《论合会》，载《台湾杜法学杂志》2000 年 11、12 月。
② Bouman, Moll: Informal Finance in Indonesia, in Adams D. W. and Fichett D. A. (Ed), Informal Finance in Low-income Countries, Westview Press, 1992.

员。其中,会首通常为合会的发起人和组织者;而会员为会首所邀请参加合会的成员,早期称之为会脚,其一般与会首有一定的血缘或地域上的紧密关系,因此会接受会首成立合会筹钱的理由并同意入会。对于合会的分类有多种,其中常见的分类是以得会金方式进行的划分,包括轮会、摇会和标会。其中,标会是最为普遍接受的一种资金分配模式,因为其是以竞标的方式来决定由谁获取会金,所以急需用钱的会员就会尽全力竞标,其获取会金的可能性也较大,资金也就会流向最有需要的会员手中。因此这一模式的使用最为广泛。其具体的运行规则如下:假设某会有会员5人,会首必须先讲好这是每月或每季开标一次,这里以月标会为例,约定月标金为每月5000元。

第一个月,第一次聚会投标,一定是会首某甲得标,且作为会首即享有无息借款的权利。得标人即称为"死会",尚未得标者称为"活会"。每一个会员都有得标一次的机会。所有会脚必须缴纳5000元给会首,因此某甲可一次借得25000元。

第二个月,第二次聚会投标,4个活会会员来竞出利息。假设某乙出价200元最高,第二个月即由某乙得标。某甲因已经"死会",本月必须拿出5000元给得标的某乙。其他4个"活会"会员则各缴纳$5000-200=4800$(元)给某乙,所以某乙可以一次借得$5000+4800\times4=24200$(元),尔后某乙丧失投标权利,每个月要拿出5000元来交给其后的得标人。

第三个月,第三次聚会投标,3个活会会员来竞出利息。假设某丙出价400元最高,第三个月即由某丙得标。某甲、某乙因已经"死会",本月必须拿出5000元给得标的某丙。其他3个"活会"会员,则各缴纳$5000-400=4600$(元)给某丙,所以某丙可以一次借得$5000\times2+4600\times3=23800$(元),尔后某丙丧失投标权利,每个月要拿出5000元来交给其后的得标人。

第四个月,第四次聚会投标,剩下2个活会会员来竞出利息。假设某丁出价800元最高，第四个月即由某丁得标。某甲某乙某丙因已经"死会"，本月必须拿出5000元给得标的某丁，其他2个"活会"会员，则各缴纳5000-800=4200（元）给某丁，所以某丁可以一次借得5000×3+4200×2=23400（元），尔后某丁丧失投标权利，每个月要拿出5000元来交给其后的得标人。

最后剩下一人某戊从未得标，此人在最后一个月时必定得标，因其他所有会员都已"死会"，故所有5人都必须缴纳5000元给某戊，某戊可以一次借得25000元，跟会首某甲所借得款额相同。

2. 合会组织盛行的基础

合会在我国大约起始于唐宋年间。至民国时期，合会几乎遍布于我国各地，包括农村和城市，称谓也因地方不同而各异。而合会之所以在我国普遍存在，尤其是颇受前文所划分类中的类型Ⅲ和类型Ⅳ地区民间融资双方的青睐，主要是由于以下两点因素。

1) 合会的人合性特征

人合性是指在有限责任公司的成员之间，存在着某种个人关系，这种关系很像合伙成员之间的那种相互关系。有限责任公司的人合性具有以下法律特点：第一，股东人数设定了最高限额。在各国公司法中，对其他种类的公司，只规定股东的最低人数，但对有限公司还规定了最高人数的限制，如韩国《公司法》第26条规定和法国《商事公司法》第36条都规定：有限公司股东不得超过50人。第二，禁止公开募集资金。面向社会公众和不特定的任何人募集资本是开放性的股份公司特有的权利，而有限公司不得公开募集资本。第三，限制股权任意转让。由于有限公司经营以公司成员个人的信用为信用依托，故对股东个人的信用特别注重，因而为保护其他股东和公司债权人的利益，各国法律普遍限制股东向公司以外的人转让股权。第四，更多地体现了公司意思自治。有限公司常常规模较小，股东人数较少，股东之间常有较好的信任关系。许多有限公司股东往往是亲戚、朋友，公司性质属于家族企业，股东之间关系多靠内部契约进行约束，组织机构的设置往往根据公司章程来选择是否设立及如何设立，在管理上与合会比较相似。①

虽然合会是有别于有限公司的一种组织形式，但是合会作为民间金融组织最底层的组织形态之一，一般是建立在血缘关系或者地缘关系的基础上的，其"骨肉"是由人脉关系网络所架构出来的，而"血液"则是由人情所贯通的，这意味着合会组织的内部成员之间是有着紧密联系的，其一般不对社会公众开展资金融通活动。因此，原始的合会有着人合性有限公司的特点，即规模较小，成员人数较少，且相互之间常有较好的信任关系。许多会员是亲戚、朋友，成员之间关系多靠人情关系和内部契约进行约束。这种人情关系纽带将合会成员组织在一起从事"互惠性融资"。虽然民间金融组织的融资对象，如合会的成员，其权利义务一般不同于法律上所规定的股东的权利与义务。但是由于原始合会成员之间的借贷关系一般是由人情关系所维系的，具有人身附随性。因此，成员之间成立合会的基础是对于其他每个成员的了解和信赖，在他们看来，这些特定的合作伙伴在他们的心中是具有很高的无形信用，虽然这种价值难以用实物进行衡量，但是合会成员对于此种信用却十分看重，一般不允许不熟悉的对象的加入组织，这大大强化了原始合会具有的组织结构稳定性特征。正如经济学家 Hoff 和 Stiglitz 根据对孟加拉国高曼（Grameen）银行利用非正规群体组织进行信贷机制创新的实践分析，认为群体贷款（group lending）的有效性的关键在于连带责任（joint

---

① 徐倩倩：《论有限公司的人合性》，载于找法网，http：//china.findlaw.cn/lawyers/article/d139221.html，2018 年 9 月 24 日访问。

liability)的特征：非正规金融组织背景下的人们彼此相熟，比银行和保险公司等正规金融组织更有能力相互监督，这解释了为什么在正规金融组织失灵的地方非正规金融能够有效地运转。①

除此之外，我国立法也对合会组织人合性特征的形成起到了一定的促进作用。我国相关法律法规对于非法民间金融行为长期以来都是持坚决打击的态度，不允许非法集资等违法犯罪行为的存在，这使得民间金融活动的对象范围往往限制在一定关系网内，并不向社会不特定公众开放。例如《最高人民法院关于审理非法集资刑事案件具体应用法律若干问题的解释》第1条就规定：违反国家金融管理法律规定，向社会公众（包括单位和个人）吸收资金的行为，同时具备下列4个条件的，除刑法另有规定以外，应当认定为刑法第176条规定的非法吸收公众存款或者变相吸收公众存款行为。② 而原始合会为避免陷于法律风险之中，其从事的民间融资行为仅限于向关系网内的亲友进行集资，一般不向社会不特定对象进行集资，且此类合会组织的成员数量一般是限制在小范围内的，这使得原始合会的金融风险相对较小。

2) 合会的信用成本低

根据由高晋康、康清利编写的《我国民间金融规范化的法律规制》一书中对于金融组织的分类，我国正规金融机构基本上是依据政府发展的需要所建立的，或者是受政府所管控的。这种类型的金融机构组织形式被称为"外生金融"。由于这种类型的金

---

① Karla Hoff, Joseph E. Stiglitz: Introduction: Imperfect Information and Rural Credit Markets—Puzzles and Policy Perspectives. World Bank Economics Review Vol. 4 (3), September 1990.

② 《刑法》第176条规定的4个条件分别是：①未经有关本门依法批准或者借用合法经营的形式吸收资金；②通过媒体、推介会、传单、手机短信等途径向社会公众宣传；③承诺在一定期限内以货币、实物、股权等方式还本付息或者给付回报；④向社会公众即社会不特定对象吸收资金。

融机构的组织模式多数是自上而下的，这意味着处于上端的组织者比处于下端的参与者拥有更多的金融资源，并称之为"纵向信用"。换言之，拥有更高社会地位或经济地位的主体往往能提供更具证明力的信用。就表 2-1 中所示类型Ⅲ地区而言，经济发展程度普遍较低，因此生活在该地区的个人和企业都处于金融生态的最底层，他们没有其他地区丰富的信用资本，很难取得正规金融机构的信任并获得融资。对于类型Ⅳ地区而言，这一地区的中小企业主要是具有提供足够信用以支撑其融资贷款行为的能力的，但是因为民营中小企业相较于国有企业，在我国仍然属于经济链的下端，所以其所能获得的金融资源必然比国有企业少，而且还要随时面临着已获取的贷款项目，因为经济情况变化而被抽走用以优先保障国有企业项目的风险。这也是合会这种民间金融组织会在我国大多数地区特别是类型Ⅲ和类型Ⅳ地区普遍存在的原因。

而与之相反的是，合会属于是"内生金融"，是基于某一经济体内部组成人员的实际经济需求而产生的金融组织形态，是建立在互惠原则的基础之上的，依靠的是一种"水平横向信用"关系来维持金融组织成员间的融资活动的开展，即成员之间的关系和地位是平等的，且依靠的是相互的对成员本人的信任来进行资金融通活动的。如何保证自己利益的牺牲可以换来同等的利益受惠，这就需要依靠信用的力量。在正规金融体系中，信用永远是最为重要的，因为它是金融借贷的前提条件，任何一个理性的投资人都会希望把资金投入可以确保保本获益的领域，因此正规金融企业往往都会在金融借贷的同时要求借贷方提供担保或抵押，这也是正规金融业中设定信用的主要方式。但是对于类型Ⅲ这种经济落后的地区而言，当地人的基本生活有时都难以保障，更遑论提供金融担保和抵押，这对他们而言是一种奢望。相较而言，合会的优势就会显现出来，作为一个由人情关系所维系的金融组织,虽然其金融交易模式落后,但是由于合会可以以社会关系作为信用以替代抵押和担保,这也将资金借贷的成本大大降低。而且这也是类型Ⅲ这种经济落后地区在资金融通活动中迫切需要的,所以这一地区的中小企业往往会选择合会作为主要融资渠道。而在类型Ⅳ地区,虽然部分借贷主体是具有支付金融抵押品的经济能力的,但是由于合会组织以社会关系作为信用,能够大大简化借贷的程序和手续。对于该地区的大量的中小企业而言,扩大生产、改进技术、引进人才都需要大量的资金,这对资金调配提出了更高的要求。此外,这一地区市场形势瞬息万变,中小企业无法在每笔交易上都将大量的时间成本耗费在向银行提供相关证明手续上,这就使他们丧失无数的投资机会。因此,对于类型Ⅳ地区而言,以合会为代表的民间金融交易模式也是较理想的融资渠道。

3. 合会组织存在的缺陷及形成原因

1) 合会的组织结构性缺陷

合会这一金融组织在新中国的发展主要可以概括为 3 个阶段:第一阶段是从新中国成立初期到"文化大革命"结束。早期的合会的存在是由于相熟的百姓之间为了解决生活必需物资的短缺或筹集盘缠外出谋生等问题而建立的互助组织,其出现的背景主要是在以农业社会为主导的经济环境中。由于此时的工业尚处于起步发展阶段,农业只能依靠于原始分散耕作的生产方式,同时商业也还不够发达,生活物资的互通有无尚不方便,所以大部分经济落后地区的居民需要一定的渠道方式才能最好地解决这一难题,而组织合会就是最好的办法。第二阶段是自改革开放后到 2000 年,由于国家经济政策放宽,各地的私营经济和个体经济的发展,社会经济的各个领域全面起步,私人与企业因为发展对资金的需求倍增。同时也因为各个产业的壮大,人民的基本生活保障条件也在不断改善,所以此时社会的需求已不仅仅停留在保

第二章　我国民间金融市场治理的相关法律问题研究

障生活必需品的层面，转而集中在发展资金的需求。第三阶段是2000年以后。在这一阶段，我国经济开始高速发展，金融体量规模呈几何倍数膨胀，伴随而来的是具有浓厚投机性质的合会组织体系的出现，而这些投机性质的民间金融组织的不稳定性带来的是频繁的"倒会"事件，导致合会无法继续维持，而合会成员也损失惨重。以福安"倒会"事件为例，2004年5月16日晚，福建省福安市当地的一位大会头李某因标会资金链断裂而主动到司法机关投案自首。而李某组织的标会的另一大会头江某携款潜逃，江某的外逃让李某的标会资金链出现问题，而李某的投案又引发了连锁反应，致使福安大大小小的民间标会全面崩盘。自李某投案后，一些事先得到消息的人也开始迅速转移资金后潜逃，导致了当地标会资金链的全面断裂。此次事件发生之后，各个标会的会头为防止自有资金流失或者非法占有"会钱"随即开始控制资金，只吸纳会费而不再向中标会员放款。同时，各会头之间也开始清理欠款，一些会头甚至雇请黑社会势力采用打砸、绑架等方式进行武力讨债，致使当地的社会治安严重恶化。等到众多参与做会的人员醒悟过来开始向会头追讨会款时，许多会头已经卷款潜逃了，盛极一时的福安标会彻底崩盘。据统计显示，标会倒会后流失的资金至少高达25亿元。参与做会的人手中持有大量会头开出的欠条，金额最多的高达上千万，而这种金额的欠条在当地司空见惯。另据资料显示，当地90%以上的家庭都参与了做会，而当地共有大小会头2000多个，其中光是亏空上亿元的会头大概就有15个，大的会头亏空达三四亿元，再加上几十个千万元级别的中会头和众多的小会头，亏空总额将近25亿元。[①] 这一"倒会"事件，实质上就是由于"抬会"所引起的。"抬会"现象发生的基础原因是会和会之间形成了金字塔形的融

---

① 项开来：《福安市"倒会"金融风波始末》，载《当代经济》2004年第8期。

资结构，这种结构表现为由众多小会构成大会的会脚，而大会再构成更大会的会脚，这样累积向上，利率逐步抬高，会款逐级向上集中，资金越滚越大。而具体到每个会的内部而言，则是各会员的资金融集于得会者的控制之下，而得会者利用其得会期间对会金的控制权将该笔资金再投入更大的合会中，以获取较大利息所产生的差额的行为。

一方面，从形式层面分析，"抬会"最终引发的众多"倒会"事件主要是由于"抬会"的资金大部分没有实体经济作为支撑，没有实际盈利的项目，"金字塔"上层的会员所获得的高息会产生巨大的亏空，而填补这一亏空的正是后来者所投入的资金。一旦没有任何新的资金进入，那么"抬会"所造成的资金漏洞就无法填补，会也就没有继续办法再"抬"下去，根基一旦丧失，"金字塔"也必然倾覆。另一方面，从实质层面分析，出现"倒会"现象的根本原因在于合会自身的抗风险机制设置不合理，面对风险的抗压性较弱。合会的本身旺盛的生命力来源主要是因为其利用无形信用替代了有形的信用支撑信贷，大大降低了融资成本和门槛，简化了融资的手续和流程。同时由于其所建立的基础是社会的人脉资源网，所以成员之间可以依靠道德和情感的约束来保障利益和回收成本。但是合会最大的优势也正是其最致命的弱点，主要原因是：第一，当前社会的经济发展和金融衍生手段的演变使合会各项属性的放大化，从而造成了合会的金融风险超出了合会成员集体的风险管控能力，形成了"倒会"的情况；第二，合会自身的风险管控机制存在较大缺陷，作为一种民间金融的方式，合会的运行的隐蔽性使得政府金融监管机构很难介入进行监督。一旦合会的运行产生了风险，就必须由其自身来监控和化解，换言之就是合会组织的会首和会员所组成的集体来完成风险管控工作。集体管控不仅要求每一个成员参与，而且要求每一个成员是以认真负责的态度来履行其责任的，因为每个成员在其得会期内对会金都是享有排他支配权的，一旦任何一个成员在其得会期产生了将会金非法占有的想法，其他成员很难及时察觉并阻止，这样的风险责任负担对于会首和会员来说都是极大的。由于合会的成员无权，也没有能力专门从事金融风险管控，所以合会的金融安全只能依托于合会成员之间的紧密社会关系来保障，即违反相关义务将付出情感和道德的代价。虽然这种风险管控方式不确定性很强，但是合会成员在一般情况下都不会冒着丧失道义成本的后果去使合会的金融风险陷入失控的状态。可以说，合会成员之间的道义成本已经成为控制合会金融风险的主要保险机制和压力缓冲装置。合会在运转良好的时候，所有的合会成员都积极履行着所承担的义务和责任，分担着自己所应当承受的压力，从而分散了合会的风险，并保障了其在合会压力线的可承受范围内。一旦其中的一个环节出现问题，整个压力承载机制就会失衡，从而导致整个合会组织体系因其中一环的压力过大而产生倾覆的危险。"木桶原理"可以很好地解释这一现象，即一只木桶盛水的多少，并不取决于桶壁上最高的那块木块，而恰恰取决于桶壁上最短的那块。因为合会组织的特性决定了其具有集体性和风险扩散性等特征。

2）合会自身风险抗压装置失效的原因

综上所述，导致风险装置失效的原因不仅包括内部风险压力较大，还包括本身防风险装置在结构设计上的缺陷造成的抗压能力较弱。具体而言，包括以下几个方面：

首先，合会金融活动涉及的会金总额持续扩大化会导致"倒会"的风险压力增大。随着经济的发展，个人和企业所拥有的资本量是在不断增大的，同时投资项目的增多也使得市场对于资金的需求量与日俱增。其结果就是社会闲置的大量财富涌入各种投资领域，包括没有任何实体产业的借贷项目，投资人依靠借贷利息获益。但是由于金融杠杆的力量，导致通过合会融资的汇款金额的总值可能远远超过任何一个会员所有的资产总和。这样就会产生两个问题：其一是会金过高会使得合会组织成员任何一个人都没有能力承担可能发生的风险；其二就是巨大的经济利益诱惑可能会打破道义成本的约束，因为感情和道德的成本毕竟是有成本边界的，一旦融资所撬动的经济利益超过了道义成本的边界，就很可能激发部分人贪婪的本性，导致道德和情感的约束机制失效，从而打破合会金融组织关系的平衡，催生了金融风险。

其次，参与合会组织人员的规模扩大化会导致合会的金融风险承受能力减弱。因为合会组织结构的弹性特点决定了其在弱化的血缘和地缘的基础上依旧可以建立，因为社会关系网络是宽泛的，可以随时建立和解除。部分合会组织为了追求融资规模的扩大，组织内部的人数规模也会相应地不断扩大，而随着人数规模的增大，组织成员间的社会关系越来越疏远，最终结果就是最初合会成员之间的纽带关系日渐被稀释，相互之间的道德情感约束力越来越小。而合会对抗金融风险压力的主要因素就是成员的道德情感约束力，因此组织规模扩大化的结果必然使合会组织的抗风险能力大大降低。

再次，举会频率的密集化增加了合会的投机风险。近几年，合会的会期有着向密集化发展的趋势，举会周期间隔不断缩减。由以前的每个季度、每个月开一期缩短为"周会"，甚至是"日日会"。以浙江宁海县为例，刚开始的标会都是"月会"，入会的人也不太多，每个会员的会钱在数百元到几千元之间。从 2007 年开始，标会的时间越来越紧凑，从"半月会"到"十日会"，最后变成了疯狂的"日日会"。"日日会"的成员能获得惊人的高息，有些"日日会"日利息高者高达 1 角，不少会员拉着亲朋好友一起加入，而一些会头拿到钱后用于放高利贷，一些人会养会、会套会，小会喂大会、老会倒了落新会、新会开标后逃之夭夭，最终导致很多参会的人血本无归。其中的原因主要是"日会"已经将合会融资的性质由筹集生活和生产资料的功用转为投机牟利的方法。

最后,合会会员主观风险意识的淡薄,这既加大了合会的金融风险,同时也削弱了合会的抗风险能力。这主要体现在两个方面:其一,由于合会融资金额的不断增大,会诱使一些得会者会冒着道德成本丧失和"倒会"的风险利用会金进行"抬会"活动或直接将会金非法据为己有,这样就加大了"倒会"的风险;其二,合会组织最底层的成员多数是属于工薪阶层或者是农民,这些群体的普遍文化素质不高,对于自己从事金融活动的风险没有足够的认识,只是依靠社会关系和一般生活常识做出投资判断。这样非理性的融资活动会缺乏对风险预见性以及防御措施,大大降低了合会组织对金融风险的抵抗力。

4. 立法规制合会等民间金融组织的必要性

根据以上的分析可以看出,合会组织作为民间金融的代表性融资手段之一,具有民间融资的优势特征,如信用成本低、融资渠道丰富、融资手续简便等,这也是合会在民间盛行的主要原因。但是作为民间金融的组成部分它也具有非常明显的缺陷,学者 Chiteji 曾以滚动储蓄信贷协会(Roscas)为例深入地研究了非正规金融的契约执行机制,探讨了最优组织规模与执行成本的关系。他认为,成员间相互监督的能力、个人声誉的价值以及能够在彼此之间分享信息的关系,3 个因素都影响着合约的执行能力,同时这 3 个方面又都与组织的规模密切相关,随着组织规模的扩张,合约执行成本随之上升。[①] 就目前民间金融大量存在并且相互关联的形势来看,如果允许民间金融在无监管的状态下持

[①] Chiteji N. S.: Promises kept: Enforcement and the Role of Rotating Savings and Credit Associations in An Economy. Journal of International Development, Vol. 14, Issue 4, December 2002.

续扩张,一定会导致合约代价持续上升,并越过压力所能承受的范围,这就会导致民间金融本身所具有的风险调控装置失效,即成员间的相互监督力、个人的声誉价值以及彼此之间的信任关系已经不能再控制金融组织内部人员的欲望膨胀所带来的金融风险。而一旦金融组织结构中的一环出现了问题,就必然会对我国金融业的整体安全造成威胁和冲击。因此,为了保障我国金融行业的健康发展,就必须采取改革措施促进民间金融行业的监管手段更为合理化和人性化。

四、我国民间金融市场发展的基础理论辨析

(一)我国金融市场建设"国家主义"思维的批判

1. "国家垄断时期"我国金融业的发展状况

改革开放前的银行体系是以建立于 20 世纪 50 年代的单一银行体系为特征的。1949 年 9 月《中华人民共和国中央人民政府组织法》明确将中国人民银行纳入政务院的直属单位,在这种体系下,中国人民银行既作为中央银行又作为商业银行,掌握了全国金融资产总额的大约 93%。中国人民银行就是"现金、信贷和结算中心",负责发放现金和信贷。尽管在中国人民银行下面设有专业银行,如中国农业银行、中国银行和中国建设银行等,但它们不是独立的。中国人民银行垄断了几乎所有的银行业务,专业银行实际只作为中国人民银行的部门或财政部的部门存在。改革开放前,金融中介在资源配置方面的作用相当有限,因为大多数投资都由政府预算直接拨款,而不是通过银行系统进行融资。有限的银行业务被中国人民银行领导的单一银行体系所垄断。没有金融市场,没有其他融资手段,除银行存款外几乎没有其他金融资产。

2. "国家主义"思想的消极影响及化解对策

1) 国家金融垄断主义的概念和沿革

第二章　我国民间金融市场治理的相关法律问题研究

我国在新中国成立后初期的国家银行体系的建设主导思想即是秉承了"国家主义"。所谓的"国家主义"即是国家社会主义，自从现代化运动后，该思想便处于主流地位。孙文先生所提出的"三民主义"中的民生主义的宗旨就是"节制私人资本，发达国家资本"。国民政府在1935年进行法币改革后，国有资本便开始全面控制金融业。到1948年，国家资本在银行资本中的比例超过90%。[①]

反观中国大陆地区，新中国成立后长期处于单一银行体系的垄断之下，直到1978年，中国人民银行正式脱离财政部，升格为部级单位。1979年至1984年期间，中国农业银行、中国工商银行等专业银行相继自"文化大革命"的废除中恢复。中国大陆地区的银行系统才逐渐将行政功能和商业功能剥离开，成功摆脱单一银行体系的控制，并在随后的20多年里逐步推行金融体系改革，取得了显著的成效。但是时至今日，我国金融体系仍存在严重的缺陷，在"国家主义"思想的影响下，多数金融资源都掌控在国家背景的金融机构手中，而这些金融机构在参与市场资金融通活动的过程中始终以贯彻国家意志为中心，常常忽略部分市场主体的资金需求，使得金融市场发展长期处于不均衡的状态。正如一些国家的金融权威人士所指出的，过去中国的银行业通过借贷支撑了经济发展，但是中国的银行体系现在还没有完全在商业规则上运行。由此可见，"国家主义"思想的作用不容小觑，它不仅严重影响了国家金融市场发展建设的基本思路，也对资金的流向起到了举足轻重的作用。

2）国家金融垄断主义的负面影响及应对策略

---

① 吴晓波：《"节制私人资本"的传统源远流长》，载于金融界，http://finance.jrj.com.cn/opinion/2012/02/18004912279548.shtml，2018年9月21日访问。

在"国家主义"思想的影响下,我国在民间金融市场的建设发展方面一直持小心谨慎的态度,视之为"潘多拉的魔盒"。虽然国家并未对现实存在的民间金融市场进行全盘否定,但就是否在立法上认可民间金融以及是否要加大民间金融市场建设发展力度等问题上依然踌躇不决,持观望态度。而且不论发展建设民间金融的利与弊,只因为国家发展优先主义根深蒂固的存在,国家对民间金融可行性进行分析判断之前就已经有了先入为主的观念,这将影响政府以客观的视角审视民间金融的价值,就像法官对于被告已经有了预审的判断就很难做出公正的裁决。而这样的抵触"心理"首先就阻碍了我国的中小企业的发展,因为"国家主义"思想会导致金融机构在放贷的时候首先考虑国家主导的建设项目或归国家所有的企业,这无形中忽视了非国有的中小型企业的生存发展需求。虽然国家企业和项目是国家的命脉,但是不可否认的是非国有的中小型企业也是我国经济体的重要组成部分。中小企业是经济社会中最活跃的企业群体。同时,中小企业往往集中于劳动密集型的行业,而且由于生产自动化率较低,会雇佣更多的工人,从而对社会就业非常重要。根据世界银行估算,在低收入国家,中小企业占60%的GDP及70%的就业,而在中等收入国家这一数据分别达到70%和95%。在中国,中小企业的数量占比高达99.8%,对GDP的贡献达70%,并提供了80%的城镇就业岗位。[①] 此外,许多跨国高新技术产业公司原本也是由中小企业发展壮大而来的,即使是苹果公司最初也是由一个只有两个人的小企业发展到今天的全球IT产业龙头企业。

由此,笔者认为,绝不能因为企业具有国家背景或者规模庞大就当然认定其具有融资资格,也不能因为中小企业当下的规模和发展状况就选择性地忽视其资金需求。健康的金融产业发展模

[①] 吉门、马玉美:《罪与非》,中国政法大学出版社2012年版,第14页。

式应当是尊重市场的客观规律，不对金融市场的准入设置过多的不必要前提条件，只就企业的运营状况和发展潜力等涉及企业自身实力的因素进行综合性评判，对于运行良好且潜力巨大的企业，应当不计其身份、地位、背景等无关要素，满足其用于自身发展的资金需求。

（二）我国金融市场改革制度变迁理论的转换

1."市场经济改革时期"我国金融业发展的新形势

随着我国市场经济体制改革逐渐进入深水区，民间金融市场的发展形势出现变化：一方面，民间资本的投资渠道得到前所未有的扩展，民间金融的模式创新遂大幅增加。在此宽松的大环境下，民间金融总量取得前所未有的增长，根据西南财经大学等研究机构 2010 年公布的报告显示，我国民间金融市场规模超过 5 万亿元，而这一数字在 2000 年才为 3000 亿元。另一方面，伴随着民间金融市场蓬勃发展的是诸多问题的暴露，各地非法集资吸储、民间借贷纠纷等案件大幅增加，民间金融风险存在进一步放大和爆发的趋势，冲击着实体经济的发展和社会的稳定。① 与此同时，民间金融活动中涌现出大量新型的违法犯罪模式，例如 2018 年在全国各地出现的"套路贷"，就是一种全新的民间借贷模式，但其与一般的高利贷违法犯罪活动最大的区别是其并不是意图通过借款人按约定支付高额利息来获取不当利益，而是以"借款"为名行非法占有被害人财物之实，其本质上是披着民间借贷的外衣行诈骗之实。针对这种新的犯罪模式，国家相关机关的管制措施往往很难及时地做出有针对性的调整以灵活地应对变化，从而造成国家金融市场的稳定性受到冲击，百姓的财产安全受到威胁。针对金融市场近年来的上述变化，国家也在积极通过

---

① 《我国民间金融市场规模超 5 万亿　非法集资案件高发》，载于腾讯网，https://new.qq.com/cmsn/20140922/20140922000893，2018 年 10 月 17 日访问。

以下两个方面进行调整：其一是国家针对不同民间金融组织的类型化法律规则逐渐出台；其二是针对民间金融犯罪行为的立法规则更加专业化、规范化。但应当清醒地认识到，上述管控措施在短期内所产生的效果依然有限。

2. 金融市场改革中强制性制度变迁理论的引入

本书前述已经指出，一项"制度"在短期内一般是相对比较稳定的，但从长期来看，任何"制度"也是处在不断变化之中的，这主要是因为制度需要适应人的需求，而人的需求本身是处在不断的变化之中的，当制度的供给无法满足人的需求时，供需关系失衡会推动制度的变迁，以形成新制度来满足人们新的需求。根据制度变迁的诱因划分，可以分为诱导性制度变迁和强制性制度变迁两种主要形式。其中，诱导性制度变迁是在响应制度不均衡引致的获利机会时由部分人自发倡导、组织、推行的。换言之，诱导性变迁是在原有制度无法满足部分群体的需求时，导致这部分群体的迫切需求转化为极大的获利机会，从而诱导人们自发地改变现有制度以追求上述获利机会。因此，诱导性变迁具有自发性、营利性和诱致性3个特点。这3项特征具有明显的两面性，一旦金融产业的发展受控于完全自由市场理念①，则上述3项特征的负面效应就会被无限放大，造成我国金融市场无序发展的局面。具体而言，在诱导性制度变迁的过程中，如果新制度的诞生处在政府合法有效地监管之下，则不容易出现法律规制失控的局面。如果政府在履行监管职能时消极作为，就很有可能使新建立的制度陷入混乱之中，因为新制度的参与主体会随时评估权衡其所从事活动的风险和收益，一旦认定收益远大于风险，则

---

① 金融自由主义，则强调完全的自由主义，或者说是偏向现实主义，其强调民间金融的存在即合理，因此对于实际存在的民间金融行为和主体都应当予以默认是合理的，所有对于民间金融自主行为的限制都是对自由权利的侵犯。

有可能因为人类趋利的本性,忽视风险的存在,积极追求自身利益最大化。民间金融市场在发展的过程中一旦处于失控状态也会有相似的情况发生,试想金融活动的参与各方在权衡利弊后,一旦发现违法的成本很低,而从事非法金融活动的回报巨大,则极有可能放纵自身"野蛮生长",参与非法的民间金融活动。当此类行为成为普遍现象之后,民间金融市场不仅无法发挥其本身的积极作用,还有可能成为部分人攫取非法利益的地方。

笔者认为,我国金融业在新时期的改革理念应当进行适当的调整,虽然诱导性的制度变迁为金融业的发展革新提供了原动力,但是失去国家调控和法律规制的金融业会进入无序运行发展状态,对于国家和参与金融活动各方的利益都会造成难以估量的损害。因此,我国金融市场的发展改革有必要引入强制性制度变迁理论,该理论主张一项制度的变迁是由政府命令和法律引入,并且强制实行的。① 这一理论的引入正是为了解决我国金融市场日益扩大的过程中出现越来越多违法犯罪活动的现象,通过在金融市场实行强制性制度变迁,从而使市场经济在运行中得到制度的支持,以政府监管和法律规制等多种手段,保证金融市场的有序运转。

(三) 我国民间金融未来发展理念的理论论证

1. 我国民间金融市场的潜力巨大

就目前的统计而言,我国民间金融规模自 2000 年后呈逐年跨越式增长趋势。根据有关机构调查,2004 年,我国民间金融规模大约是 9000 亿元,民间金融的业务规模占正规金融机构业务规模的比重近 4 成,相当于我国 GDP 的 6.50%。2005 年 7 月央行副行长吴晓灵在出席"中国宏观经济走势与产业发展高层论

---

① 陈向阳、李月丝:《民间金融改革的理论与案例分析》,载《征信》2017 年第 7 期。

坛"时说，根据央行调查统计司对民间融资的调查推算，我国民间金融规模约为 9500 亿元，占 GDP 的 6.96% 左右，占本外币贷款的 5.92% 左右；中央财经大学金融学院于 2006 年 1 月至 3 月，对全国 27 个省份进行了抽样调查和访问，根据调查结果并以存款总额作为衡量指标，测算出 2005 年中国未观测金融（民间金融、地下金融和非法金融）总量为 2.9 万亿元左右，认为中国未观测金融规模为正规金融机构存贷款业务的 1/3。[①]

以温州和成都这两个分别位于东西部且比较发达的城市为例，根据央行温州中心支行的统计数据显示，温州民营企业的融资渠道主要是内源融资，占其全部融资的 60% 左右，外源融资中银行贷款并不占显著优势。同时据专业人士调查，温州民间资本在系统外的就有 1500 亿元，与此相比，官方的民间借贷资金也不过 1520 亿元。[②] 据调查，成都市有 36.1% 的企业进行过民间融资。其中，2005 年民间融资规模 50 万元以上的占 16%，30 万~50 万元的占 22%，5 万~30 万元的占 47%，5 万元以下的仅占 15%。[③] 虽然成都的民间融资的资本规模相较于沿海的温州等城市还不算大，但是成交数量却不容小觑。同时经过以上的分析不难看出，我国的民间金融规模之大已经使我们不得不正视其作为一股重要金融力量的存在。

2. 我国民间金融市场发展理念的抉择

面对我国民间金融市场的快速发展趋势，民间金融市场选择何种理论来主导未来的发展也成为业界讨论的核心问题，各方学者专家和实务工作者对此所秉持的观点各异，主流观点往往是以

[①] 高晋康、唐清利：《我国民间金融规范化的法律规制》，法律出版社 2012 年版，第 48 页。

[②] 吉门、马玉美：《罪与非》，中国政法大学出版社 2012 年版，第 32 页。

[③] 高晋康、唐清利：《我国民间金融规范化的法律规制》，法律出版社 2012 年版，第 56 页。

第二章 我国民间金融市场治理的相关法律问题研究

两个极端出现,即金融抑制主义和金融自由主义。金融抑制主义的实质是制度完备主义,它强调通过制度最大限度地限制民间金融的存在和发展,因为持这种观点的人根本不承认官方认可范围外的民间金融的存在。金融抑制主义将民间金融设定为一种"积极的自由",这种"积极自由"的概念来源于柏林对自由的分类,他定义"积极自由"为"去做……的自由",认为这种自由是建立在自主的基础上,即每个人都是自己的理性的向导,这样的自我必须是"自主的""理想的""真实的",它是先验的自我。为了达到这种先验自我用理性来指导自己行动的自由状态,就必须对受到本能或欲望支配的经验自我定以严格的纪律,从而促使其自觉地服从普遍的整体,即"真正的"自我。[①] 简言之,"积极自由"是追求一种先于经验的本能意识驱动力,但由于后天环境和经验的存在和影响,就会使得自由被引导到不正确的方向,要使自由保持在理性的状态中,就必须对该项自由加以限制,因此设定"积极自由"实际是将自由范围列举出来给权利人自己选择,而超出范围之外的自由都是不合理的自由,是应当通过外在手段被限制或禁止的。但是这种观点受到一些法学家的批判,比如哈耶克就认为:"现代的建构主义者崇尚以制度奴役生活,自然也偏好排斥制度外的事务,但是建构主义崇尚的积极自由往往铺就了一条通往奴役之路。"[②] 这一观点就批判了"积极自由"的设定是在变相的干预社会主体的充分享有最大自由的权利,将其自由限制在了设定主体的意愿范围之内,这其实是"非自由",而金融抑制主义其实就是对于金融主体从事金融行业自由的不合理限制和剥夺。反观金融自由主义,则强调的是完全的自由主

[①] 刘军宁、王焱、贺卫方:《市场逻辑与国家观念》,载《公众论丛(第1辑)》,北京三联书店1995年版,第212页。

[②] [英]佛里德利希·冯·哈耶克:《自由秩序原理》,邓正来译,北京三联书店1997年版,第50页。

义,或者说是偏向现实主义,其强调民间金融的存在即合理,因此对于实际存在的民间金融行为和主体都应当予以默认是合理的,所有对于民间金融自主行为的限制都是对自由权利的侵犯。

  在这两种观点之外,还有一种主张,即金融合理自由主义。这种观点不认为金融活动享有完全的不受任何管制的自由,它应当享有的是有限制的自由。但这种自由与前述的"积极自由"的区别之处在于它是一种"消极的自由",在学者柏林的自由分类中,它是一种"免于……的自由",这种自由没有设定自由的界限,而是规定了非自由的界限,金融主体可以充分地享有趋近无限的自由,但前提是必须容忍一定的非自由的存在,而这些非自由就是在一些法定领域受到法定国家权力的监督和制约。追本溯源,这种思想的存在是有一定历史基础的。早在18世纪,亚当·斯密在其著作《国富论》中就提出了政府的3种职责中就包括建立和维护某些公共事业与公共机构,而这种公共事业和机构的建立与维持绝不是为了满足任何个人或任何少数人的利益。[①] 作为亚当·斯密的追随者,大卫·李嘉图曾呼吁当时还是私有的英格兰银行国有化。斯密和他的信徒都一致认为,政府有责任保护公众免受金融诈骗和投机性泡沫的侵害。[②] 在18到19世纪的英国,金融体系是由位于伦敦的大银行和大量位于其他城市和乡镇的地方银行组成,这些地方银行很多都发行了自己的银行券,其在市面上流通的效力和货币是一样的。但因为银行可能向信誉不佳的借款人发行过多的银行券,这使得银行在发生存款人恐慌的情况下非常脆弱,因为恐慌将导致担忧的存款人提取其存款。而这样做的结果就像是挤兑一样会导致银行信用丧失、信贷崩

---

  ① [美] 约翰·卡西迪:《市场是怎么失败的》,刘晓峰、纪晓峰译,机械工业出版社2011年版,第23页。
  ② 吉门、马玉美:《罪与非》,中国政法大学出版社2012年版,第188页。

盘。其情况类似于今天的银行金融借贷业务,如果过多地向提供虚假数据以骗取贷款的高危客户发放贷款,会使得不愿承担过多风险的其他客户退出,这样会使得银行所面对的全部是信誉差的客户,银行的信贷业务也没有继续开展的意义了。因此在这种情况下,亚当·斯密主张禁止银行向投机的贷款人发放银行券,其认为这些限制从某种方面说可能被视作对天然自由的一种侵犯,但是这种少数人的天然自由,可能会危害到整个社会的安全,要受到而且应该受到所有政府的法律制裁。

以上的 3 种观点其实是从 3 个不同层面对民间金融活动的观察、思考与阐述,笔者认为要使经济获得最大效率的发展就必须将不同主张进行融合,因此坚持"金融合理自由主义"更有利于民间金融未来向更好的方向发展。根据"金融合理自由主义"理论的表述,未来民间金融市场的发展建设,一方面要求保证市场拥有最大限度的自主调节的自由,另一方面要在出现违法金融活动的时候,授权政府积极介入予以管制,以维护民间金融市场的安全稳定,而不是走向无限放任金融自由或严厉压制金融自由这两个极端。通俗来说,我国对于民间金融市场发展建设的态度应该是"衡而不倚,疏而不溢"。所谓"衡而不倚",就是对于各种金融手段和主体一视同仁,只以合法金融手段和违法金融手段区分之。"疏而不溢"则是指对于金融业务的管控工作重要是保障金融渠道畅通,以保障其不会因为某一种金融渠道的淤塞而导致其他资金融通渠道超载。换言之就是保障各种金融手段的平衡状态,因为只有保证金融渠道的多样性,才能避免部分金融渠道因为超出负荷而出现无法承载的"溢出"现象,引起违法金融活动的泛滥。

五、我国民间金融市场的规范化发展

(一)开放我国民间金融市场的构想

1. 我国民间金融市场开放必要性的理论论证

2006年,《中国民营经济发展报告》蓝皮书就建议制定《放贷人条例》,让众多生存于地下的民间金融走到台前。2008年8月,中国人民银行《2008年第二季度货币政策执行报告》提出,应加快我国有关非吸收存款类放贷人的立法进程,适时推出《放贷人条例》,给民间借贷合法定位,引导其"阳光化"、规范化发展。但是至今《放贷人条例》都还没有出台,而争议的焦点主要是在放贷人的资金来源渠道上,立法决策对于是否要给放贷人融资渠道的问题表示担忧。①

但事实上,民间金融市场的开放是势在必行的,其主要原因有以下几点:一是民间金融的大规模存在和发展已经是不争的事实,这意味着试图以"国家主义"思想实行国家金融垄断,对民间金融进行打压已经行不通了,只关注国家金融的发展而忽视民间金融的存在也是自欺欺人。民间金融作为国家整体金融业的重要组成部分,是应当予以正视的,《最高人民法院关于依法妥善审理民间借贷纠纷案件促进经济发展维护社会稳定的通知》就提出要高度重视民间借贷纠纷案件的审判执行工作,民间借贷在客观上拓宽了中小企业的融资渠道,一定程度上解决了部分社会融资需求,增强了经济运行的自我调整和适应能力,促进了多层次信贷市场的形成和发展。因此,要积极考虑民间金融相关制度的设计以保证国家金融业协调发展。二是民间金融的实质是给予经济融通以合理的渠道,因此不应抱着抵触的态度,将其归于"非

---

① 于野:《非正规金融企业间借贷行为法律规制及立法研究》,浙江大学2011年硕士学位论文,第32页。

主流"金融手段看待。通过贷款融资从而推动经济体发展是金融的一项重要功能，因此在满足这项功能的前提下不应该对金融行为进行性质上的对立划分。因为其最终目的都是推动经济的发展，这一目的的正当合理性是值得肯定的，只是在金融手段上可能存在对立性区分，即将金融活动分为违法金融行为和合法金融行为。举例而言，如果将一国的经济体系比作水资源系统，金融就好比连接各处湖海的江河，它是连通各处的脉络，而各处河道均是水利系统的一部分，不能因为流量的大小而否认其存在的价值，只是在其溢出泛滥的情况下，会影响到河道周围人生活的时候才应作为治理的对象。

2. 我国民间金融市场开放的具体措施

1）积极借鉴美国社区银行发展的成功经验

民间金融市场在各个国家和地区都普遍存在，世界各国和地区对民间金融的发展和改革均持不同的态度。以世界最发达的经济体——美国为例，该国自20世纪初就逐渐重视并加强对民间金融市场的管制，同时对民间金融市场也一直持开放态度，建立了多种形式的民间金融组织以活跃市场经济的发展。对于美国的成功经验，我们应当积极从中挑选出最适合我国国情的方法，以作借鉴。

"美国民间金融的组织化程度较高、形式较多，其主要形式有信用合作社、合作银行和带有合作性质的储蓄贷款协会等。"[①] 规模最大、最具影响力的是遍布全美的社区银行，美国的社区银行服务体系是融资渠道多样化重要保障之一，中小企业和个人可以轻松通过社区银行进行融资贷款。社区银行的概念来自西方金融发达国家，其中的"社区"并不是一个严格界定的地理概念，

---

① 郑导、唐清利、高晋康：《民间金融的民法规制》，载《西南民族大学学报》2013年第6期。

既可以指一个省、一个市或一个县，也可以指城市或乡村居民的聚居区域。凡是资产规模较小、主要为经营区域内中小企业和居民家庭服务的地方性小型商业银行都可称为社区银行。社区银行有两个基本特点：一是规模较小，一般认为是资产不超过10亿美元的银行；二是属于商业银行性质。据统计，截至2011年年底，总资产规模在10亿元以下的社区银行共有6700家，占全部银行数量的91%。①

美国社区银行的成功主要是由于其采取"求异型战略"，即在目标客户的选择、主要业务区域的确定、主要业务品种的投放上与其他四类商业银行形成互补，使得社区银行的市场不至于被其他几类商业银行挤占，从而能形成自身的业务特色和经营优势。此外，美国社区银行自身的特点也帮助其在美国激烈的金融市场竞争中拥有一席之地。第一，社区银行资产规模小、经营机制灵活。美国社区银行平均资产总额仅为1.11亿美元，资产规模小也使得社区银行组织层级相对简单，有利于及时获取市场对金融产品的信息反馈，这样社区银行管理人员就可以在最短的时间内对经营决策做出调整，以灵活应对市场环境的变化。第二，社区银行的客户群体相对固定，可以有效降低风险。社区银行是以社区为依托设立的，对其所服务的社区内的居民和企业的背景比较熟悉。这样就可以在为客户提供金融服务的过程中有效克服信息不对称的问题，大大降低了在放贷过程中由于信息不对称所造成的道德风险和逆向选择问题。第三，社区银行主要从事关系型信贷业务，资金融通手续简便。社区银行由于服务于相对固定的社区，因此其主要凭借与中小企业以及社区成员长期交往中所获取的"软信息"来决定贷款的发放，这种"软信息"主要来源

---

① 刘春航：《美国社区银行的经营模式及启示》，载《中国金融》2012年第14期。

于社区银行工作人员与客户的长期交往中形成的认知和评价。而大型商业银行对客户的评价主要是来自"硬数据",其是基于各种复杂烦琐的交易技术做出。相比之下,"软信息"的获取更加稳定和简便,有利于实现金融服务的效率性。其四,社区银行资本的多元化,有利于完善法人治理结构。社区银行是按照市场化原则设立和经营的,其会吸纳各种不同渠道的资金作为经营资本,这就大大加强了企业管理的民主化。

2) 在我国部分区县推行社区银行建设

如上文所说,开放民间金融市场有利于中小企业更加便捷地完成融资,助推社会经济的发展和创新,而开放民间金融最为有效的措施便是完善民间金融体系,赋予中小企业和个人客户以更多合法的融资渠道,社区银行①的建设正是完成上述工作的重要拼图。由于社区银行强调个性化服务,且主要经营范围是针对其网点分布地的中小企业和个人客户,因此社区银行相对于规模较大的银行更了解客户的背景和需求。一方面,社区银行对于需要其提供服务的客户背景情况经过长时间和近距离的调查可以做到有充分深入的了解,这保证了借贷双方沟通顺畅,保障了双方掌握信息能够保持基本对称,缓解了逆向选择的问题,降低了银行发放高额不良贷款的风险,满足了市场上不同层次的群体的贷款需求,同时也促进了国家不同规模的经济体的全面发展,包括个人发展的需求;另一方面,对于社区银行的服务对象而言,社区银行由于规模小、经营网点集中,因此与当地客户往往会保持长期性的合作,建立起更为牢固的信任关系,银行也会基于此为当地客户提供更为个性化和周到的金融服务。这种金融机构与国家

---

① 美国联邦存款保险公司对社区银行的定义是资产规模在 10 亿美元以下,经营范围限定在某一社区,经营传统存贷业务的银行机构。See "FDIC Community Baking Study Chapter1-Defining the Community Bank", http://www.fdlc.gov/regulations/resources/cbi/report/CBSI-1.Pdf.

正规金融机构一样,均受到国家金融监管机构的监督管控。同时其运作模式又类似于民间金融机构,以社会关系网络作为纽带,以地缘关系建立的道德成本为约束,这有利于当地企业和个人更轻松、快捷地获取贷款,也可以为社区银行所发放的贷款回收获益起到双保险的作用。基于上述原因,在我国部分地区试点建设类似于社区银行的金融服务网点有利于我国民间金融市场的开放,同时可以更好地解决当前民间融资渠道狭窄、中小微企业和个人贷款难的问题。我国与美国同为世界大国,美国的商业银行层次体系对我国有较大的可借鉴性,在我国未来建设的商业银行体系中,与美国社区银行相对应的层次应是县域商业银行。因此,我国未来以县级行政区域为单位开展类似"社区银行"的初级金融机构网点建设是比较合理的做法。

(二)加强我国民间金融市场的监管

1. 我国民间金融市场监管模式转变的理论论证

仅仅开放民间金融市场是远远不够的,没有节制的市场会因为无序的竞争陷入混乱之中,因此必须建立相应的机构对民间金融活动进行监督。以往,我国针对民间金融市场主要采取机构监管模式,这种监管模式是以提供金融产品和服务机构的不同类型作为划分监管权限的依据。这种监管模式与"工商注册说"一脉相承,主张一项金融活动被监管的前提是其被批准成为具有金融服务资质的正规金融机构。随着我国市场经济的高速发展,民间金融活动愈加频繁,金融项目创新大幅增加,原先的机构监管模式逐渐暴露了其过于僵化的缺陷。因为仅以是否取得政府批准的从事金融行业相关资质作为接受金融监管的界限,会使众多民间金融参与者被划入非法从业状态,迫使其将业务转入地下,以摆脱政府相关部门的监管。只要有市场存在,民间金融活动是不会消失的,而将大量民间金融置于金融监管之外,只会使金融市场风险有增无减。针对上述情况,就需要积极转变监管思路和模式，尝试建立功能监管模式，即以金融活动发挥的具体功能作为监管依据，不论其从事的金融活动是何种机构。该模式强调一项金融活动无论是否由具有金融服务资质的金融机构参与，甚至无论其是否合法，只要其符合某类金融交易的功能性定义，就应当被纳入该类金融交易的监管范围中来。功能监管模式不同于机构监管模式，该种模式判断某项金融活动是否应当纳入金融监管范围的标准主要与该项金融活动的交易结构、交易规模、风险程度等因素相关，并不与参与该项金融活动主体的从业资质挂钩。一旦针对民间金融市场的监管转变为功能监管模式，则某项民间金融活动一旦超出了该类型金融活动的常规风险值，就应当纳入金融监管范围内。这种动态的监管机制显然更为灵活、全面，可以及时将具有较大金融风险的民间金融活动纳入金融监管范围内，从而能在金融风险萌芽的初期对其采取有效的管控措施，避免风险进一步扩大。

2. 完善我国民间金融市场监管机制的总体构想

笔者认为，当前的民间金融风险可以大致划分为三个等级：其一，具备轻度风险的民间金融活动一般无须纳入政府的金融监管范围，因为此类活动涉及人员范围小、交易结构简单，同时参与主体之间因为存在某种紧密关联性而具备较高的可信赖性，不易出现金融风险；其二，具备中度风险的民间金融活动一般应当纳入金融监管范围内，因为此类活动涉及的人员范围大、交易结构复杂，同时参与主体之间的关联性和信赖度低，容易爆发大规模金融风险；其三，具备重度风险的民间金融活动不仅应当纳入政府监管范围，还应当将其纳入法律规制的范畴，因为这类活动已经涉嫌从事违法金融行为，严重扰乱了国家金融秩序，并可能会给受害方带来严重的经济损失。总的来说，对于具备中度以上风险的民间金融活动，就应当纳入金融监管范围内。

对于具备中度以上风险的民间金融活动，有必要采取以下几个方面的监管措施：其一是入市监管。此种监管并不是设置金融活动的准入门槛，而是对有组织的民间金融活动采取强制备案制度，这样就可以全面掌握达到中度以上风险的民间金融行为的动向，同时也不会对具备轻度风险的金融活动造成不必要的打压。其二是运行监控。对于具备中度以上风险的民间金融活动的运行状况应当进行实时的监测，一旦发现任何系统性风险扩大的趋势，便于及时进行管控。其三是退出监管。对于存在严重金融风险或违法行为的民间金融主体，应当监督其强制清算并退出民间金融市场，这样可以及时排除金融市场的"定时炸弹"，避免金融风险的累积与爆发，从而维护社会秩序的稳定。其四是违法监管。金融监管机构应当重点监控民间金融市场中涉及违法的金融行为，对于发现的违法活动应当及时与司法机关沟通衔接，一旦该行为被认定为涉嫌刑事犯罪，则移交相关部门依照刑事诉讼程序进行处理。

（三）我国民间金融行为的法律规制

1. 完善我国民间金融合法性分析

我国学界对于民间借贷的概念至今未达成一致意见，有学者赋予其灰色借贷、非正规借贷、民间金融等多种称谓。2015年6月，最高人民法院出台的《最高人民法院关于审理民间借贷案件适用法律若干的规定》认为，民间借贷是指自然人、法人、其他组织之间及其相互之间进行资金融通的行为。于是，就有研究者提出民间借贷即是民间金融的代名词。① 但是这种将民间借贷和民间金融等同的说法是值得商榷的，"金融"是指货币的转移和资金的融通。从经济学角度分析，金融是货币流通和信用活动以

---

① 刘书凯：《我国民间借贷市场法律规制问题研究》，河南财经政法大学2017年硕士学位论文，第9页。

及与之相关的经济活动的总称。① 其主要包括货币的发行、流通和回笼，贷款的发放和收回，存款的存入和提取，汇兑的往来等经济活动。"借贷"则仅仅是放贷人让渡一定时间的资金使用权，到期后借款人还本付息的行为。② 民间金融主要包括民间借贷、企业集资、地下钱庄、合会等多种形式。由此可见，民间借贷在内涵和外延上都与民间金融不一致，通常所指称的民间借贷实质上是民间金融的重要形式之一，是民间金融的一个下位概念，应当归于民间金融体系中，不过民间金融市场的主要组成部分就是民间借贷。

1）民间金融活动的常见形式及其法律性质

要分析民间金融合法与非法的标准问题，就要首先厘清民间借贷的合法与非法问题，因为其是民间金融最为常见的活动形式。对于民间借贷存在的合法性问题，在最高人民法院于1991年8月13日下发的《关于人民法院审理借贷案件的若干意见》（以下简称《意见》）中承认了民间借贷的存在。虽然在像我国这样一个政府政策与市场经济紧密相关的国家，民间借贷的生存面临着严峻的挑战，但是可以看出，国家在法律层面上对于民间借贷的存在是予以肯定并鼓励其发展的。不过民间借贷作为一种"消极自由"，其自由的范围是受限的，因此民间借贷"消极自由"中受限部分的范围是可以界定的。具体如何界定民间借贷"自由与非自由"的界限，笔者认为关键是要从保护民间借贷法律关系中各方主体权益的角度出发进行界定，因为立法的目的就是保证法律关系中的各方主体真诚地履行其所承担的法律义务，同时为社会主体的权益提供法律保护，所以明确了法律关系所牵

---

① 刘宪权：《金融犯罪刑法学原理》，上海人民出版社2017年版，第1页。
② 岳彩申：《民间借贷规制的重点及立法建议》，载《中国法学》2011年第5期。

涉的不同主体以及他们之间的权利义务关系，自然也就明确了合法与非法的界限。

2) 从主体权利义务的角度分析民间金融合法性

根据《意见》的表述，民间借贷法律关系主体的一方总是公民，民间借贷不可能离开公民单方面而存在。公民之间、公民与法人之间以及公民与其他组织之间的借贷纠纷，应作为借贷案件处理。① 因此，常见的民间借贷活动参与双方是公民与非正规金融企业，而民间借贷法律关系则主要表现为上述两类主体之间的权利义务关系。这里面同时涉及借贷方与出借方的权利与义务，由于权利与义务是对立但又相互紧密联系在一起的，所以要对借贷合同双方的权益加以保护，就要先明确各自所承担的义务，这是因为对权利的侵害和义务的违反常常伴随着违法性。

首先，就企业方而言，由于亟须发展而进行融资是常见经济现象，其实质上也是多项借贷法律关系的叠加累积。但是在借贷的同时，企业也需要承担相应的法律义务。我国1997年的《刑法》以专门条款设立了"非法吸收公众存款罪""变相吸收公众存款罪"等罪名。紧接着1998年国务院发布的《非法金融机构和非法金融业务活动取缔办法》对以上罪名制定了明确具体的规定。② 上述行为之所以属于非法金融业务活动，主要是由于借款

---

① 根据1999年最高人民法院制定的《关于如何认定公民与企业之间借贷行为效力问题的答复》规定，公民与非正规金融企业的借贷，属于民间借贷。

② 《非法金融机构和非法金融业务活动取缔办法》第4条规定，"本办法所称的非法金融业务活动，是指未经中国人民银行批准，擅自从事的下列活动：①非法吸收公众存款或者变相吸收公众存款；②未经依法批准，以任何名义向社会不特定对象进行的非法集资；③非法发放贷款、办理结算、票据贴现、资金拆借、信托投资、金融租赁、融资担保、外汇买卖；④中国人民银行认定的其他非法金融业务活动。前款所称的非法吸收公众存款，是指未经中国人民银行批准，向社会不特定对象吸收资金，出具凭证，承诺在一定期限内还本付息的活动；所谓变相吸收公众存款，是指未经中国人民银行批准，不以吸收公众存款的名义，向社会不特定对象吸收资金，但承诺履行的义务与吸收公众存款性质相同的活动。"

人一旦与出借方确立了借贷法律关系后，要保障出借方的利益就必须保证借款人履行其义务，即向出借方及时偿付相关借款的本金以及承诺的利息。虽然经营行为难免有商业风险，但如果是未纳入金融监管范围的企业向不特定社会民众进行借贷融资，同时将吸收的资金再次投入市场从事金融相关业务，就可能会给提供资金的公民和国家金融市场带来难以估量的风险和损失。其原因主要包括以下几个方面：第一，金融的杠杆作用会放大普通的商业风险，如果允许经济主体向民间的不特定对象进行集资并用以再次金融借贷活动，那么就会在金融市场中形成规模庞大、结构复杂、牵连甚广的民间金融网络。在这一民间金融网络中，除了借贷双方以外，还有他们各自的上线与下线，一旦任何一组民间借贷主体之间出现无法偿还贷款的情况，就会波及其上下线，产生"多米诺效应"，对民间金融市场造成毁灭性打击。第二，由于民间借贷的出借方可能为普通自然人，这意味着其所出借的资金很可能关系着其自身的基本生存或温饱。而这些普通投资人不具备"特定投资者"所拥有的商业知识或商业经验。他们盲目参与具有高风险的非法民间金融活动的行为很可能导致其失去基本的生活保障。第三，对于寻求民间融资的企业而言，其往往缺乏固定资产或流动资金对可能发生的金融风险提供足额担保，这对于债权人的利益无疑构成极大的威胁。综上所述，在民间借贷活动中，要保证出借方的利益，就必须要求借贷方履行其应尽的义务，即禁止企业向不特定对象吸纳资金，更不能在没有经过授权批准和接受金融监管之前就将这些资金用于金融业务，比如像正规金融机构一样用所吸纳的资金去从事放贷、资本运作和货币经营业务等。

其次，就自然人而言，由于我国 1996 年 8 月 1 日起施行《贷款通则》规定："企业之间不得违反国家规定办理借贷或者变相借贷融资业务。"因此，企业间拆借行为是受法律所禁止的。

常见的民间借贷行为是发生在公民与公民之间或者公民与企业之间，在公民与企业之间的借贷关系中，虽然企业多为融资债务人即借贷方，但相对来说，因为企业相较于自然人具有强势地位，所以一般能够更好地保护自身权利。而在公民与公民之间的借贷关系中，双方虽均为自然人，但不可否认借款人的地位相对比较弱势，这种弱势地位主要体现在社会地位、经济实力、人脉资源等各个方面，因此其经济利益和人身权益都更容易受到侵害。要保护借款人的权利，就要保证出借方能够很好地履行其义务，而出借人的义务重要体现在保障交易的合法性和公平性。一方面，合法性是根据《中华人民共和国合同法》第 211 条规定："自然人之间的借款合同对支付利息没有约定或者约定不明确的，视为不支付利息。自然人之间的借款合同约定支付利息的，借款的利率不得违反国家有关限制借款利率的规定。"这些规定所表述的意思是，民事借贷中如果没约定利率或约定不明确的，视为借贷人没有支付利息的法律义务。这些法律的规定就是给予借款人的还款付息义务予以明确规定，从而避免出借方利用债权人地位随意设定利息，过分增加借款人的负担。同时避免出借方以"借款"为名行非法占有借款人财物之实，利用"套路贷"的方式违法谋取他人财产。上述法律义务，出借人在从事借贷业务的时候必须遵守，以保证其行为具有合法性。另一方面，公平性是指出借人在从事借贷行为时应当保证民事借贷的内容和形式对于交易双方是公平合理的。民法中的公平原则强调在民事活动中以利益均衡作为价值判断标准，在民事主体之间发生利益关系摩擦时，以权利和义务是否均衡来保障双方的利益。但是现实中，民间借贷市场总是充斥着高利息借贷等不公平交易行为。据了解，自 2011 年以来，温州民间借贷空前活跃，上半年累计发生民间借贷 485.5 亿元，民间借贷成为当前中小企业资金来源的主要渠道之一。当地民间借贷综合利率持续上扬，月息高达 3~5 分，个别甚至达 6 分～1 角。有被采访者称，高利贷年利息高达 60%，但是企业利润也就 3%～5%，无论是制造业还是高利润的房地产业都无法承担这样高的利息。针对高利贷现象有增无减的态势，2015 年 8 月出台的《最高人民法院关于审理民间借贷案件适用法律若干问题的规定》对 1991 年《意见》所划定的利率"红线"进行了修订，明确要求："借贷双方约定的利率未超过年利率 24%，出借人请求借款人按照约定的利率支付利息的，人民法院应予支持。借贷双方约定的利率超过年利率 36%，超过部分的利息约定无效。借款人请求出借人返还已支付的超过年利率 36%部分的利息的，人民法院应予支持。"显然，最新司法解释划定了 36%这一红线，作为借贷利息合法与非法的界限。此外，根据最高人民法院《关于贯彻执行〈中华人民共和国民法通则〉若干问题的意见（试行）》第 125 条规定："贷款人不得将利息计入本金计算复利。"这一规定是限制民间借贷约定复利这种利率计算方法。上面的两条法律规定表面看是对民间借贷的利率的计算作出相关规定，实质上其本意是为了保障合法原则和公平原则在立法中得到充分体现。因为如果将利率上限设定的过高的话，就容易纵容高利贷的滋生，这在很大程度上就会造成不公平交易的泛滥，而不公平交易往往就伴随着对公民的财产以及人身权益的威胁与侵害。因此，出借人在借贷行为中应当保证交易的公平性。

最后，维护国家金融市场稳定也是金融活动合法性的前提。民间借贷虽然主要发生在公民与企业之间，但由于金融的杠杆作用十分强大，因此社会个体间的金融活动有时可能关乎整个国家金融市场的安全与稳定。比如在"吴英案"中，虽然吴英在 2005 年 5 月至 2007 年 2 月之间，仅仅是向林卫平、杨卫陵、杨卫江等 11 个特定对象进行了融资行为，但是这些出借人实际上大多是放高利贷的人员，其资金大多系非法吸存所得。仅林卫平一人，所涉人员和单位就达66人。① 再比如在20世纪90年代的"邓斌案"中，邓斌以60%的高利年息许诺以便其进行非法集资，因为高额利息的吸引，以致全国金融市场上愈来愈多的钱被卷入这场"游戏"中来，直到造成全国性资金紧缺，这个游戏才走到入不敷出的尽头。由此可见，个体之间的民间借贷在呈几何倍放大后会牵涉国家金融安全和根本利益，要保护国家利益不受到侵犯，就必须要求参与民间借贷活动的各方主体必须遵守其对国家所承担的法定义务，即在从事民间借贷交易活动时遵守对于民间借贷的各项法律规定，不得向不特定对象吸收资金，或以吸纳的资金再次从事放贷等资本货币经营行为，以避免引起金融"多米诺效应"，造成金融海啸，给我国金融市场造成不可估量的打击。对于这一点，学者Marshall在19世纪就说道："不计后果的信贷膨胀，是所有经济萎靡不振的主要原因。"②

3) 判断民间金融行为合法与非法的关键点

根据上述分析，划分民间借贷合法与非法的关键在于以下三个方面：

第一，民间借贷交易中约定的利息或者利息的替代物是否符合法律规定。根据《最高人民法院关于审理民间借贷案件适用法律若干问题的规定》的要求，民间借贷中将年利率36%划为一条红线，超过36%的部分规定为无效借贷法律行为，不仅不受法律的保护，而且会因为不符合法律规定，从而自始无效。由此可见，超过法定利率放高利贷的行为本身是不合法的，但是也仅仅是属于民法调整的范畴，一般并不涉及刑事犯罪。但是在有些情况下，民间借贷行为也会触犯刑法。比如利用"借款"为名行

---

① 田朗亮：《民间借贷法律政策案例使用指南》，中国法制出版社2012年版，第281—300页。

② 吉门、马玉美：《罪与非》，中国政法大学出版社2012年版，第189页。

非法占有被害人财物之实的"套路贷",它不同于一般的高利贷只是希望借款方按约定支付高额利息并返还本金,其目的是获取高额利息。"套路贷"中的出借方往往是对外以"小额贷款公司"名义招揽生意,与借款方签订借款合同,制造民间借贷假象,并以"违约金""保证金"等各种名目骗取借款方签订"虚高借款合同""阴阳合同"及房产抵押合同等明显不利于借款方的合同,而且在索债的过程中还往往掺杂着暴力、威胁、虚假诉讼等诸多非法手段,严重侵害了借款方的合法权益。因此,为民间借贷设定超过法定红线的利息或利息替代物的行为往往需要警惕,很有可能属于违法范畴。

第二,明确借贷资本的来源和流向。如果借贷方的资金来源是针对不特定民众吸纳所得,又或者借贷方将借贷资金用于再次放贷,即用于资本和货币的经营业务,则该种行为的风险巨大,一旦其中一环资金链断裂,引起的后果必然是灾难性的,会威胁到国家金融稳定和安全。如果借贷的目的不是将民间借贷资金用于资本运作,而是用作企业自身实业经营,并且借贷活动是基于自愿基础上的交易行为,那就会大大降低商业风险,属于合法的民间金融活动。以"孙大午案"为例,孙大午向村民集资,虽然也支付高额利息,表面上看属于非法吸收公众存款,但是孙大午将集资所得款项都用于了自身企业经营,孙大午与村民订立的只是一般民间借贷合同,且双方都是真实的意思表示。但是法院最后却以非法吸收公众存款定罪处罚。这起案件曾引起社会对于民间资本金融环境的思考和忧虑。因此,为民间借贷行为设定一个合法标准有助于解决类似的困境,避免正常的融资行为被再次认定为违法行为。同时,明确合法与非法的界限也可以给民间资本市场松绑,真正做到赋予民间金融市场"消极的自由"和更大的生存空间,从而便于企业轻松融资以维持其自身发展。

第三,民间借贷资金"支配权"的界定问题。在《罪与非》

一书中，作者认为民间借贷的法律特征之一是民间借贷的标的物必须是属于出借人个人所有或拥有支配权的财产，不属于出借人或出借人没有支配权的财产形成的借贷关系无效，不受法律保护。其中，"支配权"为民间金融设立了一个合法与非法的基点。"支配权"关系着出借财产的归属问题，如果出借财产是属于出借人个人所有或其拥有支配权，则有理由认定民间借贷行为的合法性。有学者提出如下质疑：国家通过法律将出贷方具有所有权或支配权的财产归入合法民间借贷范畴，对于国家金融风险管控是否具有积极的作用。笔者认为答案是肯定的，因为如果允许出借人将没有所有权或支配权的财产出借，就意味着允许借贷方在融资后再将所筹集的资产出借第三方以获取利润，这种行为会对国家正规金融业务造成极大冲击，导致不可预估的金融风险。金融活动超出政府的掌控范围是任何国家都不愿意看到的情况，因此国家必须要对该类活动加以严格限制和管控的。但何种金融行为需要监管，采取怎样的监管幅度，仍是值得讨论的问题。以集资行为为例，融资活动的当事人之间形成的法律关系是债权债务关系，一般情况下并未发生物权的转移，因此该项财产所有权仍然是由出资人享有。但是支配权是否转移还要看立法者的态度，如果立法者认为上述情况下，财产支配权发生了转移，则融资方对于该财产就享有合法的支配权，属于合法集资行为，不认可就属于非法集资行为。由此可见，"支配权"是国家管控的一个关键点，它是民间借贷中最为模糊的一个概念，宽松的概念会造成多种交易形式的存在，这也给国家的法律调控造成了一定的困难，需要立法机关在未来进一步细化对相关概念的法律界定。

2. 完善我国民间金融法律规制

2007年人民银行起草的《放贷人条例（代拟稿）》（以下简称《条例》）报送国务院法制办，2009年4月中旬国务院法制办针对《条例》草案进行了调研，《条例》被列入法制办的二档立法计划。《条例》草案在市场准入方面允许符合条件的个人注册从事放贷业务，并允许符合条件的企业和个人开办借贷业务。但是由于决策层对《条例》草案的宗旨与立法细节上尚未达成共识，因此迟迟未能推出，而争议的焦点集中在放贷人的资金来源渠道上，立法决策层对于是否要给放贷人融资渠道的问题表示担忧。如果完全借鉴美国 NDTL 制度[①]，无限制地允许放贷人通过各种渠道融资，在我国大陆地区目前的市场条件下，极有可能造成市场秩序的混乱。[②] 2010 年人民银行报送的《贷款通则》修订稿扩大了借贷主体的范围，对于未经批准设立为放款人的非正规金融企业和个人，允许在限制总额、笔数和利息收入的前提下从事放贷行为，进一步放松了对民间借贷主体准入的管制。[③]

综合《意见》和《条例》的有关规定和我国民间金融的现状，应当在积极建设开放型民间金融体系的同时完善民间借贷法律制度以限制非法民间金融行为。针对当前民间借贷领域法律规定不完善的情况，可以借鉴其他国家的经验，为民间借贷制定专门的法律规范，"规定放贷人的主体资格、业务范围、资金来源、放贷利率上限、明确法律责任等方面的内容，界定民间借贷的形式与条件，规定民间借贷的合理性与禁止内容，确立合法民间借贷与非法金融的区别，为民间借贷有效规范创造良好的法制环

[①] NDTL 全称是 Non-Deposit-Taking Lenders，即非吸收存款类放贷机构，其主要是指从市场借入资金并主要从事发放贷款这一业务的公司。参见刘萍、孙天琦、张韶华：《有关美国非吸收存款类放贷人（NDTL）的考察报告》，载《西部金融》2008 年第 9 期。

[②] 于野：《非正规金融企业间借贷行为法律规制及立法研究》，浙江大学 2011 年硕士学位论文，第 32 页。

[③] 岳彩申：《民间借贷规模的重点及立法建议》，载《中国法学》2011 年第 5 期。

境"①。具体而言，可以从两个方面完善商业性放贷的规范：

1）完善高利贷法律责任制度

高利贷行为的危害性很大。从微观个体角度看，该类行为扰乱了公民正常的生活秩序，导致借款人陷入债务深渊而无法自拔，因为债权人为了收债可能会使用恐吓、欺诈、暴力等非法手段，容易滋生犯罪；从宏观经济层面看，高利贷行为扰乱了国家正常的金融秩序，影响金融安全、社会稳定及国家宏观政策的执行。《最高人民法院关于审理民间借贷案件适用法律若干问题的规定》明确要求："借贷双方约定的利率未超过年利率24%，出借人请求借款人按照约定的利率支付利息的，人民法院应予支持。借贷双方约定的利率超过年利率36%，超过部分的利息约定无效。借款人请求出借人返还已支付的超过年利率36%部分的利息的，人民法院应予支持。"另根据《中华人民共和国合同法》第211条第2款规定："自然人之间的借款合同约定支付利息的，借款的利率不得违反国家有关限制借款利率。"这些规定仅从表面上看是有助于抑制高利贷行为的发生，因为立法者认为设定利率"红线"有利于将民间金融借贷利率控制在合理的范围以内，超过这一限度的利息得不到法律的承认，不具有法律效力。但是实践中，民间金融借贷交易中的债权人往往不采用法律途径来收回贷款利益，转而采取他们认为最有效率的非法收债方法，比如恐吓、欺诈、暴力等非法手段。而现行的立法只是否定了对超出年利率"红线"利息进行法律保护，并没有否认其在当事人双方间的自然效力。此外也不能排除出借方利用其优势地位欺骗或威胁借款方签订抵押担保协议，以"借款"为名行非法占

---

① 杜敏、王刚：《民间金融纠纷案件问题探究及应对之策》，载于中国民商法律网，http://www.civillaw.com.cn/article/default.asp?id=56576，2018年10月1日访问。

有借贷方财物之实。这意味着该司法解释在实践中对非法借贷行为起到的限制作用有限,且对发放从事违法借贷行为的当事人不具有真正的惩罚性。非法借贷行为中出借方的违法成本几乎为零,可以任意约定高利率,或者设定非法抵押担保协议以谋取借贷方的财产,虽然超越利率"红线"的部分不予法律保护,但出借方可以通过非法手段自行索取。尽管进入司法程序的民间借贷案件近年来大幅增加,但是与实际发生的民间借贷行为相比,仍然只占极小的比例。换言之,不少借款人实际选择履行了非法借贷合同,借款人的合法利益并没有通过司法程序获得应有的保护。另一个现象也应引起关注,在实践中,多数民间放贷人为规避法律对民间借贷利率的上限规定,采取各种方式和手段掩盖高额利息,从而使借贷利率形式上符合法律规定。如预先将利息在本金中扣除,即借款人实际获得的借款低于借条中的本金(差额部分为利息),这样使得借款人在诉讼中处于非常不利的地位,很难证明高利贷的存在。

从美国和我国香港地区的经验来看,利用刑事手段打击高利贷是其共同的立法选择。我国香港地区《放债人条例》设定了两个高利贷界限,对于不同层次的高利贷规定不同性质的法律责任。条例中明确规定实际利率超过年息48%则认定为属敲诈性[1],违反该条例第24条(年息60%的实际利率),即属犯罪[2],任何人犯本条所订罪行一经循简易程序定罪,可处罚款港币50万及监禁2年;一经循公诉程序定罪,可处罚款港币500万及监

---

[1] 香港地区《放债人条例》第25条第3款:关于任何贷款的还款协议或关于任何贷款利息的付息协议,如其所订的实际利率超逾年息48%,则为本条的施行,单凭该事实即可推定该宗交易属敲诈性;但除非该利率超逾第24(1)条所指明的利率,否则法庭在顾及与该协议有关的所有情况后,如信纳该利率并非不合理亦非不公平,则可宣布为本条的施行该协议并不属敲诈性。

[2] 香港地区《放债人条例》第24条第1款:任何人(不论是否放债人)以超过年息60%的实际利率贷出款项或要约贷出款项,即属犯罪。

禁 10 年。① 在我国香港地区禁止高利率放债的双层法律规制架构中,香港特区政府认为把利率管制水平分别定为年利率 60%和 48%可有效遏止在香港进行的高利贷活动。在美国,国会认为其根据《宪法》第一章第八节"州际贸易条款"有权监管私人交易中的利率问题,但美国国会并没有划定高利贷的具体范围,而是通过《反犯罪组织侵蚀合法组织法》界定了"非法债务"的概念,规定以超过当地 2 倍高利贷界限的利率放贷并且试图收取该"非法债务"构成联邦重罪。②

民间借贷立法可借鉴我国香港地区《放债人条例》的立法经验,设置 3 个档次的利率限制标准以及抵押担保财产价值换算标准,通过针对不同程度的违法借贷行为设置不同程度的法律责任,建立梯级过渡性的多层法律责任制度。这样既可以使得对违法放贷人的处罚更为公平合理,实现法律责任的梯级过渡,同时也可以更有效地抑制非法借贷行为,因为刑事责任利率底线的设置,必然会促使理性的放贷人在事前考虑到非法借贷可能导致的刑事责任后果,在从事民间金融借贷业务时更加自觉地遵守相关法律的规定以免触碰"红线"。具体做法包括:一方面,参考国外及我国香港地区的立法经验,还有目前民间借贷的实际利率水平,设定一个明确的最高年利率作为追究高利贷放贷人刑事责任的标准,同时规定出借方要求借贷方以货币以外的财产为借贷合同设定抵押担保的,财产价值超过最高年利率换算价值的也应追究刑事责任。任何超过该限度的放贷均属于严重违法范畴,应当

---

① 岳彩申:《民间借贷规制的重点及立法建议》,载《中国法学》2011 年第 5 期。

② 18 U. S. C. § 1961 (6)(B). See generally, Racketeer Influenced and Corrupt Organizations Act.

受到刑事处罚。① 另一方面，继续按照《最高人民法院关于审理民间借贷案件适用法律若干问题的规定》的要求，通过民事法律来调整 24% 和 36% 这两个利率"红线"内的借贷行为。总的来看，只有将利率水平限制在一个合理的标准范围内，才能真正做到民间金融体系的合法开放，同时保障民间金融参与各方的权利和义务，维护民间金融市场的稳定性和安全性。

2）建立民间金融征信制度

在全社会建立个人信用联合征信系统，在全社会范围内建立信用记录系统，让守信的人得实惠，让失信的人受惩罚，促进整个社会形成讲诚信的良好氛围，从而减少民间金融纠纷的发生。同时依靠征信系统的资料库建立民间金融交易主体资格审查制度。首先，通过对申请人资格审查的方式来限定从业主体范围。与一般工商企业不同，民间放贷行业极易与犯罪联系，如雇佣黑社会性质组织收债、洗钱、发放高利贷、强迫欺诈交易等，因此必须在准入门槛上警惕那些不适格的主体进入民间借贷市场，如有犯罪前科和非法放贷行为的申请者。在美国纽约州申请放贷人牌照需经历严格而复杂的"背景审查"程序，为此需要提交的资料多达 11 项，包括信贷历史记录、过去十年的民事诉讼和破产诉讼记录、犯罪记录（包括重罪、轻罪和违规）、教育经历、从业经历等。此外，合伙人、股东、高管、董事等还需要通过提交指纹程序，审查有无犯罪记录。在我国香港地区申请放债人牌照，首先由警方调查申请人有没有黑社会背景，证实"身家清白"后才交法庭审理，但亦非由法官一人决定，而是由两名市民协同审查，经三人一致通过后才能发放牌照。② 其次，对于借贷

---

① 岳彩申：《民间借贷规制的重点及立法建议》，载《中国法学》2011 年第 5 期。

② 同注释①。

方主体也应当建立信用记录。因为依靠征信系统对于借贷主体的锁定和信用记录的审查，有助于对非法集资等违法民间金融活动的抑制，以免造成类似于"福安抬会"事件这一风险的发生。虽然由于借贷主体的范围广泛，初始的信用记录系统可能无法覆盖所有借贷主体，但是可以将符合限定条件的借贷主体先纳入信用记录系统中来，例如，借贷对象人数超过一定数额的借贷行为主体，以及借贷金额超过一定标准的借贷行为主体。因为这样的金融借贷行为会增加金融风险发生的概率，所以应重点审查并随时加以监控。

（四）强化我国民间金融的帮扶工作

1. 我国中小企业帮扶工作中存在的问题

我国的目前的金融扶持工作状况不容乐观，政府相关部门往往后知后觉，在企业资金链断裂、市场风险出现后才临时介入，而且常常是有选择性地给予扶持，重点帮扶有国资背景或者是规模较大的企业，而且针对以上企业的帮扶往往是不计代价，严重破坏了优胜劣汰的市场规律。在浙江乐清市"东方造船厂借贷"一案中，当东方集团已经陷入资不抵债危机，面临破产风险时，乐清市委市政府临时紧急成立帮扶小组，从财政拨出5000万元以维持该企业。对于集团的产权问题，政府进行"特事特办"，帮助该企业能尽快地向银行申请到贷款。① 这起事件充分说明了政府对于企业金融活动的管控和帮扶往往并不及时，而且会进行有歧视性的帮扶。因此针对上述问题的解决，应当在我国建立更为完善的中小企业融资帮扶机构。

2. 美国经验的借鉴与我国中小企业帮扶机构的设置

我国在建立中小企业融资帮扶机构的过程中，可以借鉴美国

---

① 胡万强、林坚强：《温州民间借贷风暴》，中国民族摄影艺术出版社2012年版，第33页。

联邦小企业管理局设立的经验。美国联邦小企业管理局（Small Business Administration，SBA）于 1953 年成立，1958 年成为"永久性联邦机构"。SBA 是一个联邦政府体制下专门协助和辅导小企业融资和发展的政府机构，其主要任务是提供宣传、管理、采购以及贷款支持。目前在美国大城市均设有分局，服务网络遍布全美，50 个州设立 96 个分支机构和地区性直属办公室，960 多个服务点，员工总人数超过 4000 人。另外，该机构在全国成立了 1000 家小企业发展中心、17 个美国出口援助中心、39 个企业信息中心、18 个部落企业信息中心和 13000 个退休经理自愿服务团。1953 年以来，SBA 支持了 2000 多万家小企业，发放了 2000 亿美元的贷款。[①] 笔者认为，中国也可以效法美国小企业管理局设立相似的机构专职从事中小企业的帮扶工作，理由是：其一，由于该机构是针对中小企业民间借贷事务建立的，其了解当地企业的难处和发展状况，因此可以更为积极有效地预防中小企业金融风险的发生；其二，作为政府机构，其可以利用公信力为当地信誉良好但面临资金周转问题的企业提供担保，帮助其获得贷款以渡过难关，这有利于促进我国经济的良性发展，保障我国金融市场的安全。

关于帮扶机构的业务范围，笔者认为应当包括以下内容：第一，作为专职的中小企业帮扶机构，其首要职责便是在中小企业资金周转出现困难，可能面临破产的情况下，对企业的财务状况以及未来发展前景进行评估，如果认为该企业具有巨大的发展潜力，则在经过规范的内部审核流程后对企业提供及时的资金扶持，帮助企业渡过难关。第二，中小企业帮扶机构除自身向企业提供帮扶以外，还应当具有穿针引线的功能，通过提供中介服务

---

① 耿雅景：《美日中小企业融资政策比较研究》，吉林大学 2012 年硕士学位论文，第 11 页。

帮助民间的出资方和用资方精准配对，从而在拓宽民间金融市场、高效利用民间资金的同时，将民间金融活动纳入政府的监管范围之内，保障了民间金融市场的稳定性与安全性。第三，根据《中华人民共和国合同法》第202条的规定："贷款人按照约定可以检查、监督借款的使用情况。借款人应当按照约定向贷款人定期提供有关财务会计报表等资料。"但是由于部分民间金融组织的成员不具备检查报表并发现其中问题的能力，而这又是许多民间金融风险产生的重要原因，所以笔者建议由帮扶机构来担负起该项职责，帮助民间金融组织成员进行财务状况审查，这也是对民间金融组织进行有效监督的方式之一。第四，根据《中华人民共和国合同法》第209条的规定："借款人可以在还款期限届满之前向贷款人申请展期。贷款人同意的，可以展期。"笔者建议帮扶机构可以同时承担起帮助企业申请展期的工作职能，利用其公信力介入进行居中协调帮助一些急需贷款且经营纪录一向良好的企业获得延期还贷的机会。第五，根据最高人民法院印发《意见》中第19项规定："对债务人一次偿付有困难的借贷案件，法院可以判决或调解分期偿付。根据当事人的给付能力，确定每次给付的数额。"但是由于法院的案件任务量巨大，可能没有办法照顾到所有的债务人的困难，所以相关帮扶机构可以在法院立案前介入，居中协调还款期限，帮助债务人解决债务危机，这有助于挽救一些优秀的企业。

六、小结

对于我国民间金融，应当采用怎样的策略才能缓解我国金融管控力度不够、金融潜在风险大等问题，传统的做法是推行更为严格的金融法规，建立更完备的金融监管机构和程序。不可否认这些做法是加强金融监管所必需的，但是仅仅依靠上述措施所起到的管控作用有限，还可能会造成金融市场的收缩、加剧融资难等问题。实践中,民间金融活动多是私下交易,由于没有正规机构监管,这其中牵涉了很多社会复杂因素的介入,如社会地位、经济实力甚至非法团体的暴力威胁等,这种非经济因素的影响力往往会干预交易双方的真实自主的选择。由于担心自身的经济或者人身安全,借款方往往会接受不合理的利息负担,而其真实意思表示一般很难被查证。因此民间金融纠纷的解决仅仅依靠官方力量的介入是不够的。法律法规和监管机构的力量有限,只是一味地通过"堵漏"解决不了问题。化解民间金融风险的根本原则是做到"疏而不溢",而具体措施除了完善我国民间金融监管机制和相关立法规范以外,还需要强化民间金融市场的持续开放,因为民间金融市场的监管和开放之间存在相辅相成的关系。

浙江工商大学金融学院院长钱水土教授曾指出:"改革开放已经三十多年了,但金融业总体上来说还是个相对垄断、高度管制的行业,金融市场还没有完全开放,利率还没有完全市场化"[1]。所以只有致力于在民间金融市场建立多融资渠道,加强民间金融市场的开放性,这样才能通过缓解市场的资金短缺,从而平衡供求关系给予融资方更多的自由选择和谈判的话语权,高利率贷款自然就会得到抑制并逐渐符合市场规律。更为开放的市场也有助于民间借贷交易阳光化,便于官方监督管理。基于上述分析,笔者认为民间金融的有效管理方式并非一味地限制打压或者无条件的开放,而应当是双管齐下将开放资金融通渠道与防范规避金融资金管制两种策略结合使用。

---

[1] 吉门、马玉美:《罪与非》,中国政法大学出版社2012年版,第302页。

第三章 我国民间借贷的相关法律问题研究

一、民间借贷法律含义的解读

(一) 金融抑制背景下"民间借贷"概念的界定及反思

"民间借贷"一词,长期以来在我国社会生活中使用频率极高,但囿于《中华人民共和国民法通则》《中华人民共和国合同法》等民事法律尚未对其做出过完整定义,其内涵与外延未得到学界和业界的一致认同。在我国的实务操作中,因法律制度长期对民间借贷主体仅限于至少一方为自然人,即发生在法人、其他组织与其他法人、其他组织间的资金借贷行为,依最高人民法院1990年颁布的《关于审理联营合同纠纷案件若干问题的规定》、1991年颁布的《关于人民法院审理借贷案件的若干意见》与中国人民银行1996年颁布的《中华人民共和国商业银行法》等文件的规定,是被法律法规所明文禁止的,即使是经双方协商一致达成民间借贷合同,也会被以违反国家金融监管而认定为无效合同。基于此,不少学者从民事主体角度对"民间借贷"的内涵进行认定,即"民间借贷是指自然人与自然人之间、自然人与企业之间的借款行为。"① 也有学者从金融监管方面对其加以定义，即民间借贷"是在金融体系中没有受到国家信用控制和监管当局监管的金融交易活动，包括非正规的金融中介和非正规的金融市场"②。但事实上，几乎很难说出哪种借贷形式是不属于国家金融监管体系范围内的，如果机械地用"有无纳入国家金融管理体系"这一标准对借贷活动进行切割，容易将本质上为民间势力操控、民间资本运行的民间借贷形式纳入"国家借贷"体系中，如小额贷款公司。③

禁止法人、其他组织与其他法人、其他组织间进行资金拆借的规定，尽管在一定时期内对我国金融秩序的维护、市场风险的防范发挥了积极的作用，但同时不可否认的是，随着社会经济的持续发展，实践中不少新兴企业，尤其是中小微企业对于资金的需求量与日俱增，加之银行借贷通道程序烦冗、流程漫长且贷款额低，市场需求已不断转向民间借贷领域，一味禁止往往会适得其反。例如，部分企业为规避资金拆借无效的规定，通过虚假交易、名义联营、企业高管以个人名义借贷等方式掩盖企业间的资金借贷关系，致使企业经营风险被无限放大。与此同时，倘若规避行为本身涉嫌违法违规，在一定程度上还会增加司法成本，即需要通过诉讼、仲裁等法律程序对其加以纠正。事实上，企业将自己的盈余资金出借给中小微企业，帮助其解决生产经营所急需的资金，既可以利用自己的资金进行调剂余缺，实现部分收入，

---

① 持相似观点的有杜敏、王刚：《民间借贷纠纷案件问题探究及应对之策》，载《人民司法》2012 年第 11 期；梁冰、陆红、周晓松、陈捷：《我国民间借贷发展与风险防范研究》，载《金融发展评论》2012 年第 7 期；等等。

② 持相似观点的有张书清：《民间借贷法律价值体系的重构》，载《上海金融》2009 年第 2 期；曾纪胜：《论我国民间借贷监管制度的完善》，西南政法大学 2011 年硕士学位论文，第 5—6 页，等等。

③ 贾学胜、肖敏：《民间借贷的法律规制逻辑与刑法干预》，载《法治社会》2018 年第 2 期。

也有利于解决中小微企业融资难、融资贵的问题;既促进各自企业的发展,又增加社会财富。① 但是,任何事物都具有两面性,民间借贷运用得当,企业受益并造福社会;反之,制造风险且扰乱市场。因此,有必要对现行法律法规作调整,通过制度对民间借贷的发展进行健康引导,并对其可能产生市场风险加以有效监管。

(二) 司法解释对"民间借贷"概念的重新定义

2015 年,最高人民法院出台《最高人民法院关于审理民间借贷案件适用法律若干问题的规定》(以下简称《民间借贷规定》)的司法解释,对市场持续热议的民间借贷问题做出了回应。根据该司法解释第 1 条规定,民间借贷包括自然人、法人、其他组织之间及其相互之间进行资金融通;同时,将经金融监管部门批准设立的从事贷款业务的金融机构及其分支机构因发放贷款等相关金融业务引发的纠纷,排除在适用民间借贷纠纷规定的范围之外。由此可见,我国最高审判机关,已认可法人、其他组织与其他法人、其他组织相互之间借款的合法性,换言之,曾被审判机关视为无效的企业间资金借贷合同,自此合法有效;同时,明确排除了经金融监管部门批准设立的从事贷款业务的金融机构及其分支机构②,为市场实践及司法审判提供了指引和帮助。据此,我们应重新对民间借贷的概念进行界定。根据最高人民法院民事审判第一庭对民间借贷概念的适用解析,即"民间借贷是发生在自然人、法人、其他组织之间及其相互之间的相对于正规金融机构借贷而言的一种非官方民间融资方式"③。关于民间借贷

---

① 姚辉:《关于民间借贷若干法律问题的思考》,载《政治与法律》2013 年第 12 期。

② 王海萍:《民间借贷案件审判要点》,法律出版社 2016 年版,第 66 页。

③ 杜万华、最高人民法院民事审判第一庭:《最高人民法院民间借贷审判实务指导与疑难解答》,中国法制出版社 2015 年版,第 1 页。

内涵与外延的变化具体梳理如下。

1. 有限度地允许法人、其他组织相互之间进行资金拆借

如前文所述，过去司法实践中，法人、其他组织与其他法人、其他组织间的借贷被认定为是无效的。本质上，企业间的资金借贷合同应是一种法律合同关系，而合同是否无效则应根据《中华人民共和国合同法》的具体规则来判断，但之前关于企业间资金借贷的合同效力则是由行政规章加以认定，有悖于《中华人民共和国合同法》第52条第5项"违反法律、行政法规的强制性规定，合同无效"的规定，即认定合同无效的依据范围是将国务院部委的规章以及地方法规排除在外。另外，《最高人民法院关于适用〈中华人民共和国合同法〉若干问题的解释（一）》第4条亦明确此规则，即"合同法实施之后，人民法院确认合同无效，应当以全国人大及其常委会制定的法律和国务院制定的行政法规为依据，不得以地方性法规、行政规章为依据"[1]。因此，依行政规章确认合同无效，缺乏有效的上位法依据以及相应的法理基础。

最高人民法院在总结多年相关的审判工作经验后，在《民间借贷规定》中明确法人、其他组织相互之间的资金借贷属于民间借贷范畴，并有条件地认定为有效。所谓有条件地认定有效，是指企业间民间贷款合同的有效性，是要限定该合同的确是为生产和经营需要而订立的借贷合同，倘若一个生产经营性企业不搞生产经营，变成一个专业放贷企业，把资金拿去放贷，甚至从银行套取现金再去放贷；或者企业向其他企业借贷、向本单位职工集资等，将本应用于本单位生产经营的资金再拿去放贷，上述的行

---

[1] 之所以将国务院部委的规章以及地方法规排除在外，主要因为合同法是市场经济的基本法，是市场交易的基本规则，统一的大市场的建立要求交易规则的统一，要求合同法制的统一，因此不允许不同的部门及不同的地方设立不同的交易规则。韩世远：《合同法总论》，法律出版社2015年版，第177页。

为均是无效的。①

2. 明确民间借贷的性质

从本质上看,民间借贷是一种资金融通的市场行为,而非其他民商事活动。司法实务中,囿于对民间借贷的性质存有认识偏差,很多当事人凭借金融机构转账凭证以民间借贷纠纷为案由提起诉讼,实则是为索要根据买卖合同已经支付的货款、曾经的恋人索要同居期间支付给对方的生活费或委托对方理财而支付的理财本金等,但当事人之间并不存在法律意义上的民间借贷关系,故原告的诉讼请求并不能得到法院的支持②,即自然人、法人、其他组织相互之间仅用于资金融通的借贷行为,才能被纳入《民间借贷规定》的适用范围之内。

3. 严格与正规金融机构的借贷业务相区分

一国的金融体系通常由以下两部分组成:一是正式的、经过登记或批准的、处于监管体制内的部分,即正规金融;二是非正式的、未经登记或批准的、未处于监管体制内的部分,即民间借贷(非正规金融)。③ 就我国金融体系的现状而言,正规金融机构由国家金融监管部门专门批准设立并监督管理,其从事相关的借贷业务以及所产生的业务纠纷,均有专门的法律、法规对其进行规制,如与银行业金融机构相关的商业银行法、外资银行管理条例、银行业监督管理办法等;非正规金融,从某种程度上而言,是游离于国家金融监管部门设立的金融机构之外的所有个人、机构等。正如世界银行曾对"非正式金融"的定义,即那些

---

① 杜万华、最高人民法院民事审判第一庭:《最高人民法院民间借贷审判实务指导与疑难解答》,中国法制出版社2015年版,第18页。

② 朱玥:《知晓民间借贷规则,把控民间资金融通》,载《人民法院报》2015年9月13日第3版。

③ 张书清:《民间借贷法律价值体系的重构》,载《上海金融》2009年第2期。

没有被中央银行监管当局所控制的金融活动。① 囿于国家对非正规金融发展的长期压制，大量的金融资源被国有企业所控制，民营企业无法从正规金融途径获取用于经营的资金，只得寻求民间借贷，甚至是带有非法性质的借贷途径，如 2011 年的温州民间借贷风波，政府不得已对高利贷②、非法集资③等行为进行强制干预，以维护市场交易秩序。

《民间借贷规定》明确将正规金融机构的借贷业务纠纷排除在适用范围之外，即银行业金融机构、非银行业金融机构（如经金融监管机构批准，在保险、证券、信托、基金、金融租赁等领域从事定向贷款业务或资金融通业务的机构）等从事相关的资金借贷业务，不属于民间借贷。当然，实践中的部分公司，尽管其设立需要经过政府金融监管部门的批准，但从其实质而言，其不属于正规金融机构的范畴。以小额贷款公司为例，该类公司用于放款业务的资金，主要源自公司股东缴纳的资本金、捐赠资金，以及来自不过两个银行业金融机构的融入资金，且后者不得超过资本净额的 50%④，即国有资本无法对小额贷款公司进行控股，而用于主营业务的资金大多属于民间资本，故小额贷款公司只是在设立程序上需要通过金融监管部门的审批程序，并不会因此影响其非正规金融机构的实质。

---

① See World Bank, *informal markets and financial intermediation in four African countries Finding*: *African Region*, January 1997, p. 10.

② 对于温州地区民间借贷中的高利贷现象，由政府金融办牵头成立专项治理小组对市场状况进行调查。赵小燕：《温州"高利贷"月息持续走高，政府部门着手调查》，载中国新闻网，http://www.chinanews.com/fortune/2011/03－25/2932217.shtml，2018 年 7 月 29 日访问。

③ 非法集资现象由温州市公安机关立案侦查，借贷风波后不满 1 年，相关案件共立案 105 起，涉案金额 128 亿元，涉案犯罪嫌疑人 144 名。梅山群、夏理森：《涉及民间借贷违法犯罪的法律适用问题研究》，载温州检察网，http://www.wenzhou.jcy.gov.cn/system/2014/06/21/011697999.shtml，2018 年 7 月 29 日访问。

④ 《关于小额贷款公司试点的指导意见》："三、小额贷款公司的资金来源"。

二、民间借贷的类型化考察

民间借贷的类型化，即根据借贷行为的性质进行系统化归类。由于近年来我国市场的投资需求旺盛，通过正规金融机构的贷款途径时常难解资金需求主体的燃眉之急，故不少主体转而求助于具有放款迅速、手续简便、期限灵活等特点的非正规金融贷款路径，即民间借贷。但是，囿于我国金融和法律体系尚不完善，民间借贷行为本身存在交易隐蔽、风险难以监控等特点，加之部分主体盲目追求短期内获取高收益，故民间借贷得以迅速发展的同时，也成为法律风险频发的重点监控领域。[①] 基于此，有必要通过对实践中纷繁复杂的民间借贷行为进行系统化归类：一是为主要类型的民间借贷行为找寻到与之相对应的法律法规；二是为未来我国关于民间借贷的统一立法提供参考。据此，笔者认为，可将具有代表意义的类型作如下划分。

（一）民事借贷与商事借贷

这是以营利性、经营性为标准对民间借贷行为进行的分类。传统的民间借贷即民事借贷行为，主要体现为基于血缘、地缘为纽带所形成的"熟人社会式"借贷关系，如亲朋好友之间，出于对他人的信任，将自己的闲散资金以低息甚至无息的方式借予他人的行为，其借款的目的更多在于救急互助，而非赚取利润；商事借贷行为，核心在于"商"，"商"是以营利为目的的各种交换行为[②]，即作为商事借贷关系的出借人，长期从事发放贷款业务的

---

① 根据最高人民法院 2017 年上半年全国法院审判执行工作态势新闻发布会所公布的数据，在上半年已经审结的民事案件中，案件数量排名靠前的案由主要有民间借贷、离婚纠纷、机动车交通事故责任纠纷等。资料来源：最高人民法院网，http://www.court.gov.cn/zixun-xiangqing-54612.html，2018 年 7 月 30 日访问。

② 梁慧星、王利明：《经济法的理论问题》，中国政法大学出版社 1986 年版，第 11 页。

根本目的在于从诸多陌生的借款人处赚取收益，以实现资本的保值增值。

1. 民事借贷：熟人救急

民事借贷，即不具有放贷业务资格的出借人，基于彼此之间所存在的某种特殊缘由，将资金借予对方的行为。就民事借贷合同的效力而言，根据《中华人民共和国合同法》第 210 条规定："自然人之间的借款合同，自贷款人提供借款时生效。"该类合同应属要物性合同，即除当事人双方意思表示一致外，尚需要支付钱款或者交付相关凭证时合同才正式生效。当然，发生于熟人之间的民事借贷行为，也会存有以营利为目的的情形，如约定高于银行同期同类贷款利率的借贷利率，但囿于出借人不具有从事放贷业务的资格，以及其借款行为更不具有连续性和经营性的特征，故不能将此情形与商事借贷行为划等号。多数国家的法律规定，一般民事主体偶尔从事营利活动，不属于商事行为。[①]

《民间借贷规定》第 9 条对自然人之间借款合同的生效要件进行了解释，即以现金支付、银行转账等网络途径、票据交付、将特定资金账户支配权授权给借款人或其他方式提供借款，须经借款人收到货款或相关凭证，即能够实际支配该笔借款的物上权利时，借贷合同才生效。至于利息，法律赋予了当事人意思自治的空间，可约定利息亦可不约定利息，依《中华人民共和国合同法》第 211 条规定，自然人之间没有约定或者约定不明确的，视为不支付利息；约定利息的，借款利率不得违反《民间借贷规

---

① 美国纽约州的《放债人法》第 340 条明确规定，个人或企业偶尔在该州发放贷款不需要遵守该法"禁止无牌照经营"的规定。岳彩申：《民间借贷规制的重点及立法建议》，载《中国法学》2011 年第 5 期。

定》关于利率的限制性规定。① 概言之，出借人不具放贷业务资格（否定其经营性）、不以营利为目的（否定其营利性）转让资金的行为，即使有偿，也应将其认定为民事借贷行为。

2. 商事借贷：资本逐利

所谓商事借贷，是非金融机构的主体所为的以放贷为业，且以营利为目的的经营行为，即发生在商事主体之间、商事主体同自然人之间的借贷行为。② 对于商事主体而言，从事商事借贷业务，其所形成的借贷关系是一种以追求利润为目的商事经营关系。一般而言，商事主体从事商事经营活动，必须首先取得商事主体资格，如依法设立的营利法人，应由登记机关核发营业执照，但是在实践中，部分资金实力较为雄厚的自然人或社会组织，未经政府机构的批准或授权，也在从事经营性的放贷业务，甚至还有为数不少带有非法性质的社会组织，如常以发放高利贷赚取暴利的地下钱庄。就目前而言，经政府机构批准，可从事经营性资金放贷业务的商事主体，大致包括：依《典当管理办法》设立的典当行，依《关于小额贷款公司试点的指导意见》设立的小额贷款公司，依《消费金融公司试点管理办法》设立的消费金融公司，依《关于促进互联网金融健康发展的指导意见》设立的网络借贷机构等。

就商事借贷合同的效力而言，依《民间借贷规定》第10条，

---

① 对于民间借贷利率的认定，长期由原《最高人民法院关于人民法院审理借贷案件的若干意见》第6条进行规制，即民间借贷利率可以适当高于银行利率，但最高不得超过银行同类贷款利率的4倍的规定。《民间借贷规定》出台后，利率的认定适用新规第26条，即借贷双方约定的利率未超过年利率24%，出借人请求借款人按照约定的利率支付利息的，人民法院应予支持；借贷双方约定的利率超过年利率36%，超过部分的利息约定无效，借款人请求出借人返还已支付的超出部分利息，人民法院应予支持。

② 赵莹、雷兴虎：《我国商事民间借贷的立法体系建构》，载《湖南社会科学》2014年第3期。

除自然人之间的借款合同外，即自然人与法人、其他组织之间、法人及其他组织相互之间签订的借贷合同，自合同成立时生效。可见，该类合同仅依当事人的意思表示一致即可成立，故其性质应属诺成性合同。换言之，该类合同项下的借款人，自双方签订借款合同之后，有权请求出借人依约支付贷款，否则其可依约要求出借人承担相应的违约责任。笔者认为，之所以要与自然人之间的借款合同加以区分，理由在于：第一，该类合同基本为要式合同，即经当事人双方多次协商达成意思表示一致后所签订的正式书面合同，双方就合同内容已无较大分歧，签订即生效既尊重意思自治，也提高交易效率；第二，除部分小额贷款之外，该类合同所涉标的往往是一笔数额不小的资金，若合同性质被认定为要物性合同，即借款人取得对合同标的的实际支配时合同才生效，显然会滋生出借人肆意违约的现象，既对借款人的生产生活造成极大的消极影响，也不利于维护市场正常的交易秩序；第三，出借人的根本目的是营利，而非无偿捐赠，合同一诺即成，反向督促其对借款人的生产经营状况、物质生活水平等条件进行严格审查，降低出借风险，即根据借款人的实际还款能力发放相应金额的贷款，既有利于维护出借人自身的合法权益，也能促使物尽其用。

（二）合法借贷与非法借贷

根据民间借贷行为是否触及现行法律法规的底线，可将其划分为合法借贷与非法借贷。在司法实务中，部分民间借贷案件不仅会涉及民事法律关系，还会涉及刑事法律关系。民法对于合法的民事借贷行为与商事借贷行为予以保护，而对高利贷、非法放贷行为则不予保护；刑法对民间借贷关系中涉及违法犯罪的行为进行规制，如具有严重社会危害性的非法集资、非法吸收公众存款等行为。

1. 合法借贷：互惠互利

合法借贷，即严格遵循现行法律法规关于民间借贷的相关规定，借贷双方签订合同并实际按期履约，无论有偿或无偿，借贷行为均在法定的范围内进行，且不对借贷合同之外的第三人或社会秩序产生危害。例如，自然人甲与自然人乙签订书面的借款合同，合同标的为人民币3万元整，借款期限为1年，利息的计算标准为中国人民银行同期1年期贷款利率，借款人甲取得乙提供的3万元现金之后，将其用于生产经营，并在约定期限内还本付息，即合同履行完毕。

就合同的性质而言，无论是基于民事借贷关系所成立的要物合同，还是反映商事借贷关系的诺成合同，只要不违反相关法律法规的效力性强制性规定①，即为有效，且具有相应的合法性。此外，该类借贷合同项下的借贷资金，主要来源于出借人自有的、闲置的、收入合法的资金，而非来路不明，甚至违法所得的资金；利息的计算标准取决于当事人双方的平等协商，而非由一方当事人单方决定，且将其强加于合同相对方。

2. 非法借贷：毒害社会

非法借贷，即民间借贷行为与现行法律法规相冲突，而基于借贷关系所建立的民间借贷合同关系，或有损一方当事人的合法权益，或对正常的金融秩序造成实质性的危害。简言之，民间借贷行为不在现行法律法规所认可的范围内，即为非法借贷。

从民法视角观察，不在法律法规认可范围内的典型，即为民间借贷关系中超过年利率36%的利息部分，对于已经支付该部

---

① 从法律适用角度来看，民间借贷合同无效情形主要有三：一是《中华人民共和国民法总则》规定的无效情形；二是《中华人民共和国合同法》规定的无效情形；三是《民间借贷规定》规定的无效情形。借贷合同被认定无效后，已经取得财产的一方当事人应当向合同相对方返还财产，若是给对方或社会造成损害，应当赔偿损失。

分利息的还款人,《民间借贷规定》赋予其向出借人追回该笔款项的权利,同时在诉讼过程中出借人丧失对该部分款项的胜诉权。① 从刑法角度看,实践中部分主体打着民间借贷的"幌子",实则在从事非法的经营活动,例如,为筹集发放资金擅自设立金融机构、非法吸收公众存款、集资诈骗或套取金融机构信贷资金;以故意伤害、非法拘禁、侮辱、恐吓、威胁、骚扰等手段催收贷款;面向在校学生非法发放贷款,即发放无指定用途的贷款,或者以提供服务、销售商品为名,实则收取高额的利息或费用,变相发放贷款②;更有甚者,利用民间借贷资金开设赌场,赚取暴利。值得注意的是,仅仅是单一的高利贷行为,民事法律规范即可做出有效回应,但若是与高利贷、非法放贷相关的其他行为已然触犯刑律,有损合同相对人的合法权益或危及市场秩序时,其行为必然会接受严厉的制裁。例如,"孙某某集资诈骗"一案,即其通过隐瞒公司欠下巨额债务的真相,虚构某公司扩大生产经营急需资金购买原材料等事实,以高额利息为诱饵,并以某公司南京分公司名义骗取马某等225名被害人集资款合计1270余万元,孙某某的行为最终被人民法院判决认定构成集资诈骗罪,判处有期徒刑13年6个月,并处罚金人民币30万元;责令被告人孙某某退赔各被害人经济损失;查封、扣押、冻结在案的财产由相关机关依法处置后按比例返还各被害人。③

就合同的性质而言,依《民间借贷规定》第13条,借款人或者出借人的借贷行为涉嫌犯罪,或者已经生效的判决认定构成犯罪,当事人提起民事诉讼的,民间借贷合同并不当然无效。人民法院应根据《中华人民共和国合同法》第52条、本规定第14

---

① 参见《民事借贷规定》第26条。
② 张琼斯:《严厉打击四大乱象,银保监会等多部门规范民间借贷》,载《上海证券报》2018年5月5日第5版。
③ 参见(2015)苏刑二终字第00021号刑事判决。

条之规定，认定民间借贷合同的效力。① 若另有担保关系，法院应依据民间借贷合同与担保合同的效力、当事人的过错程度，依法确定担保人的民事责任。《民间借贷规定》如此规定，是将涉嫌刑事犯罪行为与民事合同效力的认定区别开来，即利用合同进行诈骗或从事其他非法经营活动，其涉及两个行为——犯罪行为与合同行为。而对于上述两个行为则应由评价对象不同的刑法、民法分别进行界定，客观上两行为间存有关联，但合同行为是否有效并不取决于是否存有犯罪行为。以集资诈骗为例，诈骗行为是合同一方当事人所实施的以签订合同为手段、以骗取财物为目的的行为（单方行为）；合同行为则是双方当事人意思表示一致的情况下（尽管合同一方因被欺诈而作出了不真实意思表示）共同实施的行为（双方行为）。刑法的聚焦点是诈骗行为，所评价的是该行为是否严重到触犯刑律需要以刑罚处罚的程度；民法则是在于合同行为，所评价的是该行为是否是当事人真实意思表示一致的结果，是否应赋予该行为以私法上的效力。② 倘若基于犯罪行为直接认定相关借款合同、担保合同无效，势必会使受害者的合法权益再次受到损害。例如，借款人为集资诈骗的犯罪分子，与出借人签订借款合同，并由担保人提供担保，如果因借款人触犯集资诈骗罪而就此认定借款合同、担保合同无效，受害人既不能依借款合同向犯罪分子主张返还本金与利息，也不能向担保人主张担保债权，显然有失公平。

---

① 《民间借贷规定》第 14 条规定："具有下列情形之一，人民法院应当认定民间借贷合同无效：a. 套取金融机构信贷资金又高利贷转贷给借款人，且借款人事先知道或者应当知道的；b. 以向其他企业借贷或者向本单位职工集资取得的资金又转贷给借款人牟利，且借款人事先知道或者应当知道的；c. 出借人事先知道或者应当知道借款人借款用于违法犯罪活动仍然提供借款的；d. 违背社会公序良俗的；e. 其他违反法律、行政法规效力性强制性规定的。"

② 王林清、杨心忠：《民间借贷纠纷裁判精要与规则适用》，北京大学出版社 2016 年版，第 424 页。

当然也需注意，刑法作为法律保护的最后一道防线，当且仅当其他制裁措施难以发挥效用时才能加以使用，即民间借贷行为经其他部门法已能够达到制裁侵害人、保护受害人、维护社会秩序等目的时，尽量不动用刑罚。例如，关于民间借贷与非法经营罪的区分界定，从现行立法来看，无论是法律还是司法解释均未对民间借贷行为是否适用非法经营罪进行明确规定。法理上，非法经营行为构成非法经营罪，首先是行政违法行为，但关键是其社会危害性严重，并且按照国家对特定领域的行政管理政策，有必要纳入刑事打击范围的，才纳入非法经营罪处理。① 我国审判实践中对此也存有争议，有法院认为，发放高利贷的目的为牟取暴利，伙同他人以高额利息借贷，非法从事金融业务，严重扰乱正常的市场金融秩序；尽管我国立法机关和最高司法机关未明确高利贷借贷行为是《中华人民共和国刑法》第 225 条规定的"其他严重扰乱市场经营的非法经营行为"，但并不能据此推定高利贷行为不属于非法经营行为，基于此，将高利贷行为认定为非法经营罪。② 有法院则认为，对发放高利贷行为的定性，不宜将其认定为非法经营罪，理由为现行立法和司法解释中并未明确发放高利贷行为属于《中华人民共和国刑法》第 225 条规定的 4 种"违反国家规定，扰乱市场秩序，情节严重"的行为。③ 甚至还有法院，对下级法院做出"以牟取高额利息为目的发放高利贷，扰乱金融市场秩序，其行为构成非法经营罪"的判决，经再审后改判无罪。④ 笔者认为，在民间借贷关系中，无论出借人与借款

---

① 王海萍：《民间借贷案件审判要点》，法律出版社 2016 年版，第 846 页。
② 参见（2008）湘高法刑终字第 16 号刑事判决书。
③ 吴笋林：《茂名"黑老大"李振刚重审改判 12 年——非法经营等罪名被认定"减刑"8 年，逾亿元罚金取消仍会追缴违法所得》，载《南方都市报》2014 年 9 月 20 日第 12 版。
④ 参见（2015）湘高法刑监字第 123 号驳回申诉通知书。

人之间对利息如何进行约定,目前《民间借贷规定》已采用分段保护的方式对其进行规制,对于高出法定标准的利息不予保护;就专门经营放贷业务的个人或民间组织,由于其经营行为并未得到政府机构的批准或授权,易滋生市场风险扰乱金融秩序,就此,国务院已提请人大审议《非存款类放贷组织条例》,即结合行政法与民法的制裁手段,对相关违法行为进行规制,引导市场主体间通过意思自治完成交易行为;在罪刑法定原则下,对未明确入刑的高利贷以及非法发放贷款等行为,法院不宜主动将其纳入刑律进行规制。概言之,当且仅当民间借贷行为超过除刑法之外相关部门法的容忍限度范围,且已达到严重扰乱我国金融市场秩序的程度时,方可使用刑律对其进行制裁。

(三) 无居间借贷与有居间借贷

根据民间借贷关系的形成是否存有居间行为,可将其划分为无居间借贷与有居间借贷。就居间行为的实质而言,其是一种以营利为目的,通过牵线搭桥促成交易双方成交的商业活动,即经居间关系的双方当事人约定,由居间方向合同相对方提供报告订约或为订立合同的媒介,合同相对方给付报酬。[①] 除此之外,由不具有营利性、经营性的举荐媒介所促成的民间借贷关系,则应属于无居间借贷关系范畴。

1. 无居间借贷:直接对话

无居间,即民间借贷关系的成立,并非由获取报酬的居间主体所促成。具体而言,我们可以从以下两个方面进行理解:

第一,在民间借贷关系的形成过程中,无论是民事借贷关系还是商事借贷关系,均不存有任何介绍人或居间人,即借贷双方直接商洽并达成协议,借款人获得相应款项的物权,同时负有清偿贷款本金和支付利息的义务;出借人则负有依约发放贷款的义

---

① 李国光:《合同法解释与适用(下)》,新华出版社1999年版,第1953页。

务，同时也享有获得贷款本金和利息的权利。借贷双方无须再向他人或组织支付报酬。

第二，民间借贷关系的建立，是由借贷双方之外的举荐媒介所促成的，但该类媒介仅是出于帮忙互助的目的，而非营利，且一般情形下不会就帮忙行为单独签订合同。实践中，不具经营性、营利性的举荐媒介，大致包括三种：一是在借贷双方并无交集的情形下，仅仅介绍贷款人与借款人相识，有关借款事项全由借贷双方当事人自己决定；二是帮助双方相识的同事，介绍当事人的借贷意向，使之发生借贷关系；三是双方已经相识，介绍人仅为之介绍借贷意向。①

民间借贷关系，在存有举荐媒介的情形下，也应依据事实对其的具体作用加以严格界定。从实践角度看，不少举荐媒介不仅是介绍人，还扮演着担保人的角色，尤其是在借贷双方不存有任何交集时，为促成借贷关系，出借人时常会要求介绍人为借款人作担保。依《民间借贷规定》第21条，他人在债权凭证或借款合同上签字或盖章，但未表明其保证人身份或承保证责任，或通过其他事实不能推定其为保证人，出借人请求其承担保证责任的，人民法院不予支持。因此，对于举荐媒介而言，承担保证责任与否的关键在于其在民间借贷关系中的具体地位，若仅仅是充当"润滑油"角色的善意介绍人②，不承担任何权利义务；若同一介绍人又同为该借贷关系的保证人，即另有保证合同证明或介绍人明确表示愿意为双方的借贷关系作担保时，出借人提出其与借款人承担连带责任的诉求，才可能得到人民法院的支持。

---

① 王海：《民间借贷案件审判要点》，法律出版社2016年版，第336页。
② 恶意介绍人应当承担相应的民事责任，如明知借款人无力偿还，与其串通骗取出借人的借款，即侵害出借人的合法权益。金永熙：《新编民间借贷实务379问》，法律出版社2008年版，第13页。

2. 有居间借贷：多重关系

有居间，即民间借贷关系的建立，与居间人的牵线搭桥密不可分，或者说，没有先前的居间行为，就没有后来的民间借贷行为。站在实务的角度观察，从事民间借贷居间活动的主体，大致包括两类：一是以自然人的形式存在，具有营利性、经营性等特征的职业居间人，即利用自身积累的广泛人脉，反复、经常性地给资金需求方与资金供给方提供中介服务，努力撮合其达成民间借贷关系并从中获利；二是以营利性法人或其他组织的形式存在，有偿地给相关借贷主体提供标准化借贷服务的居间机构，如民间借贷中介机构，即利用信息平台，对借贷双方的主体及相关材料进行审核通过后，为其匹配较为合适的借贷合作方，由借贷双方自主选择并与达成借贷意向的合作方签订借贷合同。居间机构根据借贷金额，按一定比例从中收取中介费、手续费等相关费用。

就我国目前的民间借贷市场而言，第二类即居间机构最具有代表性，即机构数量繁多，且融资规模较大。以近年来新兴的网络借贷为例，网络借贷模式自2007年从国外引入后，经多年发展，现已成为我国民间借贷市场中不可或缺的一分子。据数据统计，截至2017年年底，全国已有网络借贷运营平台5970家，行业规模已突破28048亿元，较2016年行业成交量同比增长35.9%。[①] 从经营业务模式的角度看，网络借贷主要有三种：一是信息中介平台，即传统的网络借贷模式，依靠向借贷双方收取一定的费用维持运营，纯属民间借贷中介人角色；二是担保交易平台，即在建立信息平台的同时，与大型担保机构合作并提供双重担保，网络借贷居间机构具有担保人性质；三是放贷业务机

---

① 赵倩倩、赵华伟：《我国P2P网络借贷市场的发展现状》，载《时代金融》2018年第18期。

构,即网贷平台自行直接发放贷款[①],如浙江阿里巴巴小额贷款股份有限公司,其是由互联网巨鳄阿里巴巴集团联合其他三家集团共同成立的全国首家电子商务领域的小额贷款公司。依《民间借贷规定》第22条,仅提供媒介服务的信息中介平台,不承担担保责任;通过媒介明示或有其他证据证明居间机构有担保行为,即应承担担保责任。居间机构本身经批准可开展放贷业务的,主要按照合同的约定来处理相应的纠纷。

三、我国民间借贷市场运行的主要问题及评议

尽管《民间借贷规定》的颁布施行在一定程度上规范了民间借贷关系中的各类行为,且为司法实践统一裁判标准提供了指引,但从实务的角度观察,民间借贷作为非金融监管机构管控下自发形成的各类民间融资活动,由于其长期游离于国家金融监管体系之外,且相关的法律法规供给不足,加之近年来民间资本的逐利性不断增强,吸引大量资本进入民间借贷市场的同时,也聚集了巨大的社会风险,对我国金融市场秩序造成了极大的安全隐患。我们且就下列主要问题进行梳理和评议。

(一)放贷主体的变向增息问题

众所周知,利息是资本的回报。在以前的社会里,民间借贷大多集中于亲朋好友之间,即"熟人社会"的大部分情况下借款人只需向出借人归还本金。虽然不付利息,但有亲情、人情的付出,出借者押注的是感情。[②] 与此不同,现代社会中的民间借贷,已远远突破了以家庭、亲属、好友等为纽带的融资方式,尤其是网络借贷,无须借贷双方亲自见面洽谈,经第三方借贷平台

[①] 江丁库:《民间借贷法律规范与操作实务》,法律出版社2015年版,第24页。

[②] 王福重:《金融的解释》,中信出版社2014年版,第83页。

根据借贷双方的需求进行匹配后,即可与有意向的合作方签订借贷合同,在"陌生人社会"的民间借贷关系中,出借人看重的是利息,即资本回报。

唯物辩证法认为,任何事物的发展都是量变和质变的统一,即量变是质变的前提和必要准备,质变是量变的必然结果;质变以量变为基础,一切事物的变化发展都是首先从量变开始的。[①] 进一步言,一旦事物的发展偏离了其正常应有的发展轨迹,由此积累量变所产生的质变,对人类社会而言,必然会是一个恶果,民间借贷也不例外。法律赋予了自然人、营利法人等商事主体通过从事经营行为以追逐更多利益的权利,但同时也在义务层面给他们提出了要求,即经营活动应在合法合规的范围内开展,不得以牺牲他人合法权益为前提来牟取暴利,危及市场金融秩序。

然现实则是,民间借贷市场的利率在资本逐利最大化的影响下,高点不断被刷新。一些民间融资活动的经济领域内,月利率普遍在2分、3分以上,有的甚至达5分以上,即年利率回报超过60%。部分出借自然人或民间放贷机构,为规避法律法规的

[①] 汪青松:《马克思主义中国化两次历史性飞跃的哲学思考》,载《马克思主义研究》2009年第5期。

规定，采取预先扣除利息①、复利计算方式②、订立阴阳合同或利息之外额外增设手续费、违约金等形式，变相地突破法律法规对于利息的上限规定，基于用款的急迫性借款人或同意上述形式的"不平等条约"，但大多情况下并非其真实意思的表示，显然有违公平，且与国家鼓励民间借贷发展的初衷背道而驰，即未能有效地解决中小企业融资贵、融资难的问题。

（二）借贷商事化与利率规制的不协调问题

近年来，随着小额贷款公司、消费金融公司、网络借贷机构等具有营利性、经营性等特点的商事主体进入市场，民间借贷呈现出向商事化发展的趋势，不再以亲朋好友之间的借贷关系为主。但是，由于我国采取民商合一的立法体例，即民法为普通法，商法为其特别法③，相关的立法、司法、执法等活动并未将民事借贷行为与商事借贷行为进行区分。例如，在利率管控方面，《民间借贷规定》并未分别规定经营性借贷与非经营性借贷

---

① 依《中华人民共和国合同法》第 200 条，借款的利息不得预先在本金中扣除。利息预先在本金中扣除的，应当按照实际借款数额返还借款并计算利息。《民间借贷规定》第 27 条重申了上位法的这一规定。即，借款人预先扣除利息的处理方式，是违反法律的禁止性规定的，人民法院在进行审理时应将实际出借的金额认定为本金。

② 同一利率，通过复利计算方式所得出的利息金额要高于采用单利计算方式的结果，尤其是在本金金额较大的情况下，复利会使利息大幅增加，甚至超过本金。根据《民间借贷规定》第 28 条的规定，借款人在借款期间届满后应当支付的本息之和，不得超过最初借款本金与以其为基数，年利率为 24% 计算的利息之和。即，只要在法定最高利率限度的年利率 24% 内，出借人与借款人无论是采用复利计算方式，还是单利计算方式，均为合法有效，并且出借方在相关诉讼过程中对该部分利息享有胜诉权；超过年利率 24% 的利息部分，除借款人自愿支付外，出借方主张借款人依约支付该利息部分的诉求则难以得到人民法院的支持。

③ 我国商事法律制度大致总结为 1+N 模式，"1"代表《中华人民共和国民法总则》，采营利法人与非营利法人的二分法，与非法人组织等制度共同构成商事主体的一般规则；"N"代表各单行商事法律，如《中华人民共和国公司法》《中华人民共和国证券法》《中华人民共和国票据法》《中华人民共和国保险法》《中华人民共和国海商法》等，即针对某类特殊的商事主体、商事关系、市场规则等分别立法。

的利率上限,而是采用统一规范模式加以规制。当然,从司法实务的角度观察,囿于我国现有市场发展水平尚不健全,严格区分民事借贷与商事借贷,尤其是对于借贷资金真实用途的认定,在司法实务中难以做出清晰的判断。在这样的背景下,若直接施行分类管理模式,实践中极易出现借贷双方未规避非经营性借贷低利率的限制而赋予其经营性借贷之形式的状况,或者本为经营性借贷,为了少支出利息费用而编造非经营性借贷,即难以达到保护非经营性借款人的合法权益,维护社会公共秩序和善良风俗的初衷和目的。基于此,还会加重当事人的举证责任,增加司法审查的难度,造成司法资源的浪费。①

事实上,早在1990年最高人民法院颁布的《最高人民法院关于贯彻执行〈民法通则〉若干问题的意见(修改稿)》中,就将民间借贷利率分为生活性借贷利率和生产性借贷利率两种,并分别规定两者所适用的利率上限,即前者不得高于国家银行同类贷款利率的2倍,后者则不得高于国家银行同类贷款利率的4倍。② 这是我国立法活动首次尝试从分类规范模式,对相关类型的民间借贷利率进行规制。但很遗憾,其未能最终出现在正式施行的法律文本中。

从域外的角度观察,对于民间借贷的利率规制,多数国家(地区)的立法均根据借款类型采用了多样化的利率限制方式。美国将非吸收存款类放贷人分为商业类与消费类两种,其对于利率管理的规定,一些州通过《反高利贷法》的相关规定设定利率上限,一些州则主张自由放任,即不设置利率上限,且即使存在利率上限的规定,不同的借贷类型,其最高利率的数值也不尽相

---

① 王林清、杨新忠:《民间借贷纠纷裁判精要与规则适用》,北京大学出版社2016年版,第176页。

② 参见《最高人民法院关于贯彻执行〈民法通则〉若干问题的意见(修改稿)》第139条。

同。一般情况下，消费类利率高于商业类利率，无担保贷款利率高于有担保贷款利率。① 法国民法允许借贷双方就金钱或食品或其他动产物品的消费借贷或纯借贷订定利息，利息或为法定利息，或为约定利息，只要法律未禁止，约定利息可高于法定利息。② 法国法规定的利率上限一般在33%，但可根据不同种类的借贷合同加以调整，即约定的利率超过法定上限，只要法律未禁止且出借人有确切证据说明该利率约定合理，则很难将其定性为高利贷行为。③ 德国、英国、西班牙等国家则选择不公布客观的借贷合同利率上限，产生纠纷后由法官根据具体案情，自由裁量其是否违反"显失公平"或"公序良俗"来进行个案判决。④ 我国香港地区，依《放债人条例》第24条，任何人（不论是否为放债人）以超过年息60%的实际利率贷出款项或要约贷出款项，即属犯罪；依《放债人条例》第25条，任何贷款的还款协议或关于任何贷款利息的付息协议，如其所订的实际利率超逾年息48%，凭该事实即可推定该宗交易具有敲诈性。从多样化利率的实践效果来看，其有利于引导民间资金合理流动，降低民间借贷风险，维护金融市场秩序。⑤

笔者认为，以多样化利率制度为代表的分类管制模式，尽管现在与我国市场格格不入，但这并不代表其在未来，尤其是我国市场经济迈过初级阶段后民事关系与商事关系之间的差异愈发明

---

① 赵莹：《中国民间商事借贷立法研究》，中国传媒大学出版社2017年版，第51—52页。
② 《法国民法典（下）》，罗结珍译，法律出版社2004年版，第1404—1405页。
③ 高圣平、申晨：《论民间借贷利率上限的确定》，载《上海财经大学学报》2014年第2期。
④ 廖振中、高晋康：《我国民间借贷利率管制法治进路的检讨与选择》，载《现代法学》2012年第2期。
⑤ 岳彩申：《民间借贷风险治理的转型及法律机制的创新》，载《政法论丛》2018年第1期。

显时,也不能为我国所用。在商事借贷逐渐成为我国民间借贷市场主力军的背景下,立法层面应对其具备的商事特征给予更多的考虑和安排,即商事行为应接受国家监管、遵守商事行为的规则等。

(三)暴力催债的侵权、涉刑问题

民间借贷,作为私人资本市场上一种自发的资金融通行为,因其长期游离于正规金融监管体制外,加之市场主体受投机暴富思想驱使,我国的民间借贷市场已然"养成了诸多的坏毛病",如借贷形式不规范、高利贷现象普遍,甚至还与刑事犯罪牵扯上了关系,典型即以故意伤害、非法拘禁、侮辱、恐吓等为手段的暴力催债行为。

近年来,由于经济面临下行压力、银行强化资产质量控制,借款人融资贵、融资难问题依然存在。生意不好做,好不容易融到钱又陷入还款难的困境,民间借贷的不良资产处置逐渐形成了一个特殊的利益生态链,甚至还衍生出一个处于"地下"或"半地下"的催讨产业。一般而言,催讨过程往往有以下几类阶段式手段:第一阶段,即电话催收,仍拒绝还款则进行言语威胁;第二阶段,派人上门,跟踪债务人;第三阶段,使用各类流氓手段,但不至于构成犯罪,情节严重者或只违反治安管理处罚法;第四阶段,使用暴力的犯罪手段,对债务人进行殴打、侮辱,甚至非法拘禁、捆绑,造成债务人身体伤害等。① 典型案例,如山东聊城于欢杀人案、四川内江叶某服毒自杀案等,即以暴力催收为主要特征的非法活动严重扰乱金融秩序和社会秩序。

基于此,2018年4月,由中国银行保险监督管理委员会、

---

① 王观、李若愚:《既有存在价值,是正规金融的有益补充,又面临利率不透明、暴力催债等问题。民间借贷,正门咋开?》,载《人民日报》2017年6月12日第18版。

公安部、国家市场监督管理总局、中国人民银行联合印发《关于规范民间借贷行为维护经济金融秩序有关事项的通知》（以下简称《通知》），进一步明确民间借贷的资金来源以及民间借贷与非法活动的法律红线，严厉打击以暴力催债为典型的非法金融活动，以保障催债对象或可能成为催债对象者的合法权益不受不法侵害。从一定程度上而言，《通知》的施行会改掉我国民间资本市场所被人们长期诟病的"坏毛病"，如民间借贷的中介服务平台，应根据最新文件的着力点加紧自查以便规范经营业务；民间借贷衍生出的催债机构，应严格规范其催债行为，避免野蛮催收，防止在关键时期出现非常事件等[①]，但欲从根本上解决上述问题，还应将其上升到立法层面对其进行合理引导和监管规制。

（四）受害主体的低龄化问题

近年来，随着物质生活条件的不断富裕，可供人们消费的商品种类可谓是琳琅满目。追求更高层次的物质生活水平固然没错，但前提应是自己能负担得起。倘若出于满足自己的虚荣心，无视自身的资金还款能力，大肆通过贷款方式进行超前消费，最终无力还款。既影响借款方的个人征信，也会增加放贷方的呆账、坏账。同时，囿于民间借贷市场长期游离于金融监管之外，部分民间放贷机构抓住年轻人群体所具有的爱攀比、自制力差、风险鉴别能力低等特点，将贷款业务向各大高校、职业技术学校等校园领域发展，加之众多校园贷款业务无须经过烦琐的审核手续，借款人提供一张身份证、一张学生证就可以办理。甚至，部分网络借贷平台要求办理贷款的女性大学生，提供一张手持身份证的裸照即可，并将此出售给他人或未偿还相应贷款后直接将其裸照发至互联网上，即其"裸贷"业务涉嫌刑事犯罪，严重侵害

---

① 肖飒、王淼：《银保监10号文出台，民间借贷何去何从》，载《证券时报》2018年5月12日第4版。

了借款人的人身权益。① 此外，部分放贷机构，利用大学生风险防范意识差的弱点，设计出不少涉嫌诈骗犯罪的校园放贷业务，如四川省首例特大"校园贷"诈骗一案，犯罪嫌疑人即以佣金为诱饵，找大学生刷单并制作假合同，自称与"名校贷"等校园贷平台有合作，承诺贷款是通过特殊渠道归还，不会产生贷款信用记录，贷款成功后，犯罪嫌疑人再通过网络短信平台以"名校贷"公司身份，编造虚假还款信息告知贷款人已还款成功，受害人自始至终均被"蒙在鼓里"。②

据统计，自 2013 年 7 月国内首家互联网校园借贷平台诞生之后，2014 年至 2015 年校园贷业务进入野蛮生长阶段，2015 年有 108 家网络借贷平台涉足校园贷款业务。与此同时，裸贷、裸照、骗贷、暴力催债、大学生自杀等一系列恶性事件层出不穷，引起了社会各界关于校园贷款业务的热议。基于此，银监会和教育部联合出台《关于加强校园不良网络借贷风险防范和教育引导工作的通知》，以"停、移、整、教、引"的五字方针整顿校园贷问题。经政府监管机构的介入和社会舆论的压力，部分借贷平台纷纷退出校园贷市场，与之相关的恶性事件得以有效遏制。但是，在社会实践中，仍然有个别借贷平台，无视监管禁令从事校园贷、变相收取"砍头息"、年化利率远超"红线"，除相关监管部门应加大监管力度之外，还需要借款主体自身树立正确的消费观，提高自身的风险防范能力。

（五）银行信贷资金越界民间借贷市场问题

根据中国银监会发布的数据显示，截至 2016 年年底，银行业金融机构不良贷款余额 2.2 万亿元，较年初增加 2311 亿元，

---

① 李超：《"裸贷"乱象》，载《中国青年报》2018 年 3 月 5 日第 9 版。
② 李张光：《"夺命"校园贷》，载《民主与法制时报》2017 年 5 月 21 日第 5 版。

较上年少增2978亿元；银行金融机构不良贷款率为1.91%，较年初降低0.02个百分点。[①] 2018年5月，中国银行保险监督管理委员会会同公安部、国家市场监督管理总局、中国人民银行，联合印发了《关于规范民间借贷行为维护经济金融秩序有关事项的通知》，其明确指出，严禁银行业金融机构从业人员作为主要成员或实际控制人，开展有组织的民间借贷；对银行业金融机构从业人员参与非法金融活动的，银行业金融机构应当予以纪律处分，构成犯罪的，依法严厉追究刑事责任。由此，笔者认为，信贷资金通过各种路径越界民间借贷市场的现象已趋于普遍[②]，且结合各大商业银行的资本充足率持续走低的现状，其或是形成银行业不良贷款的重要诱因，乃至于监管主体专门出台规范性文件规制银行业的信贷业务。

实践中，利润不断攀升的民间借贷市场，在正规金融贷款政策趋于紧缩的情形下，吸引了大量的资金需求者与社会逐利资本的涌入，其中不乏经银行渠道获取的信贷资金。目前，银行信贷资金主要通过以下三种渠道进入民间借贷市场：一是获得信贷支持的大型企业投资民间借贷，即银行将大部分资金投向信用好的国有大型企业，在现有项目投资空间较小而中小微企业资金匮乏的情况下，很多融资能力较强的企业将大量银行贷款投入民间借贷市场以获取高息收入；二是部分担保公司、财务公司利用银行资金成为民间贷款者，即将注册资金用来拆借，并抓住银行的管理漏洞通过虚构项目等方式获取银行低息贷款再高息转贷；三是民间借贷的放款者勾结银行员工低成本获得资金转贷，如部分小

[①] 数据来源：中国银监会网，http://www.cbrc.gov.cn/chinese/home/docViewPage/110007.html，2018年8月30日访问。

[②] 早在2011年8月，时任中国银监会主席刘明康在当年三季度形势分析会上指出，国内市场大约有3万亿银行信贷资金并未实际流向用款企业，而是流向了民间借贷市场。

额贷款公司与银行员工私下合作,银行信贷人员利用自身渠道和人脉优势低成本取得贷款额度并转入小额贷款公司放贷。又如,部分借款主体通过房产抵押、消费贷款、买车等诸多名目从银行套取资金用于民间借贷。[①] 可以认为,无论通过哪一种方式将银行信贷资金挪作民间借贷市场所用,其根本目的在于,利用前后借贷关系的利率差追逐利益最大化。

就其市场风险而言,由于信贷资金交付给适格的借款主体之后,如何使用该笔款项基本由借款主体自行抉择。基于对借款人的信任以及降低运营成本的考量,作为贷款方的银行,不可能对借款主体每一笔贷款的资金流向进行实时监控,即使借款方将贷款用于从事非法活动,多数情形下也是在公安机关介入之后才得以察觉。基于此,借款主体将信贷资金投入民间借贷市场,作为贷款方的银行也难以准确掌握该类信息。进一步言,借款主体在申请贷款阶段所填写的资金用途与使用贷款阶段资金实际用途完全不相符时,极有可能使银行信贷资产风险控制更加错综复杂,加之部分基层银行风控能力有限,一旦挪作他用的信贷资金在某一具体环节出现问题,必然会引发一系列不利的连锁反应,且在不良信贷资金达到一定数量时,或成为引发金融危机的重要诱因。

从履行社会责任的角度观察,部分从事制造业等实体经济的企业,受资本逐利驱动,将本用于创造更多社会物质财富的信贷资金转投于民间借贷市场,而在产品研发、人才引进、设备更新等方面,则再无资金投入。对许多企业而言,追逐盈利最大化似乎是无师自通的行为准则,但片面强调盈利则会酿生出诸多问题,如欺诈消费者、坑害债权人、企业诚信度和社会信用度的整

---

① 李富有、孙晨辉:《银行信贷资金变相流入民间借贷市场的影响效应——基于存在寻租行为的分析》,载《西安交通大学学报(社会科学版)》2013年第3期。

体沦丧等。① 甚至，当国内大量涉足实体经济的企业不从事营业范围内的生产经营活动，而是私下发展放贷业务赚取巨额利差，长久如此，势必会导致相关制造业加速空心化发展，对我国实体经济的有序发展，乃至国家安全构成严重威胁。显然，部分企业及相关个人，还未真正意识到社会责任的应有之义，忽略了企业应有的社会属性。此外，对于国有商业银行而言，其担负着国有资产保值增值的使命和维护国家金融安全稳定的责任，因银行员工未履行勤勉义务或贪图一己私利进行违规放贷，势必会对银行信贷资金的安全埋下隐患，一旦发生纠纷或出现问题，或造成国有资产的贬值或流失，乃至威胁国家经济安全。

四、我国司法实践中民间借贷的主要问题及评议

1991年8月13日，最高人民法院发布《最高人民法院关于人民法院审理借贷案件的若干意见》的司法解释，其与《中华人民共和国民事通则》《中华人民共和国合同法》等法律共同构成人民法院审理民间借贷案件的主要依据。法理上，法律是基于经济发展的需要而产生的，即一定生产关系的性质以及生产力的发展水平，决定着以该生产关系为基础的法律的本质和特征，进一步言，有什么样的经济基础，就有什么样的法律。② 显然，用于规制民间借贷纠纷的法律法规亦不例外。20世纪90年代初期，人民的物质生活水平还处于一个相对较低的阶段，对于民间借贷的需求以熟人之间的生活性借贷为主，且在计划经济时代，企业之间很少建立借贷关系。但是，随着社会主义市场经济制度的确立和进一步的改革深化，国民的物质财富日益丰富，新鲜的金融事物不断涌现，民间借贷市场也因此展现出许多新特点，如借贷

---

① 刘俊海：《现代公司法》，法律出版社2015年版，第795页。
② 付子堂：《法理学进阶》，法律出版社2013年版，第240页。

主体多元化、借贷方式多样化、借贷规模扩大化等。反观已执行20年有余的相关民间借贷的裁判依据,显然已不能适应当前社会经济的发展现状,且在司法实践中呈现出过于原则、滞后、操作性不强等特征。例如,上述司法解释第6条关于利率的规定,即民间借贷的利率可以适当高于银行的利率,各地人民法院可根据本地区的实际情况具体掌握,但最高不得超过银行同类贷款利率的4倍(包含利率本数);超过此限度的,超出部分的利息不予保护。但是,实践中时常出现银行不公布同期贷款基准利率,致使大量案件无法按期按质进行裁判,甚至因法官对法律的认识存有差异,出现民间借贷纠纷同案不同判的尴尬局面,相关当事人的合法权益难以得到保护。基于此,最高人民法院于2015年8月6日发布《民间借贷规定》,以求对上述难题做出有效回应。但是,任何一部法律都非完美无瑕之物,即法律本身具有滞后性,其须根据时代的要求,并基于新的经济基础,做出相应调整。当前,民间借贷审判中仍有不少难题亟待我们去解决,兹将具有代表性的问题概括列举如下。

(一)意思自治与利率限制的协调问题

意思自治,是指个人得依其意思形成其私法上权利义务关系[1],其作为民商事立法的一项基本原则,贯穿于整个民商事法律之中,是民商事法律之实质要求,是对市场交易秩序的维护。就合同法领域而言,合同自由原则,即为意思自治的具体体现,其主要内容包括:第一,缔约自由,即当事人可以自由决定是否与他人缔结合同;第二,选择相对人的自由,即当事人可以自由决定与何人缔结合同;第三,合同内容的自由,即双方当事人可以自由决定合同的内容;第四,合同方式的自由,即当事人选择

---

[1] 王泽鉴:《民法总则》,北京大学出版社2014年版,第227页。

合同形式的自由。① 当然，合同自由原则也不是绝对的，民商事主体在行使意思自治时，还须遵循民商事法律中的强制性规定，即不得违反国家的其他法律法规，以及公共秩序和善良风俗等。

《民间借贷规定》对利率进行了分段规定，超过年利率36%的利息部分被认定为无效，但作为完全行为能力人借款方，为尽快获得借贷资金，自愿在还款时向出借人给付超出年利率36%以上利息，且不损害国家、社会公共利益或者他人合法权益的，法院也不能主动对其进行干预，即尊重借贷双方的意思自治。但未来民间借贷立法应有主要类型的区分，以及确立相应利率的上限。笔者认为，较具现实意义的类型区分，即以营利性、经营性为标准区分民事借贷与商事借贷，并分别基于市场调研分析得出的数据，确定普遍适用的利率上限。市场显示，不具经营性特征的民事借贷，即便带有一定的营利性色彩，往往也在年利率24%的规制范围之内；但商事借贷，因其追逐资本收益的最大化，时常突破年利率24%的红线。在充分尊重当事人意思自治，且不损害国家、社会及他人合法权益的前提下，适当提高商事借贷的利率上限，既能降低民间金融各方采取隐匿利息、砍头息、虚假诉讼等方式规避利率限制的可能性，也能正视民间金融市场中还贷风险信息不对称分布的客观状态，肯定利率对非正规金融市场的"过滤功能"②，但是必须注意，在提高利率上限的同时，不能给借款方的生活、生产活动造成严重的后果，即同时应赋予借款方向法院申请适当降低利率的救济权利。

（二）真实借贷与挂名借贷的界分问题

人民法院在审理具体案件过程中，双方当事人对于涉案资金

---

① 韩世远：《合同法总论》，法律出版社2015年版，第37页。
② 廖振中、高晋康：《我国民间借贷利率管制法治进路的检讨与选择》，载《现代法学》2012年第2期。

的性质存有分歧,即一方主张其为投资性质,另一方则认为应是借贷性质。对此,审判实务中存在不同观点。第一种观点认为,对于交付资金行为性质的认定,应当根据双方当事人的意思自治为基础做出评判,即当事人对自己的行为最清楚,也最能说明交付资金的目的、用途,因此,应当以双方的约定内容作为判断是投资还是民间借贷的依据;第二种观点认为,投资与民间借贷是两种不同性质的行为,即投资一般参与投资项目的管理,并且投资款不能抽逃,否则构成违法,民间借贷则不参与所借款项的管理经营,并且在约定的期限届满则收回借款的本金和利息。①

法理上,借款合同有广、狭义之分,前者即借贷双方的贷方,将一定数量的货币或实物出借给借用方,由借用方在合同约定的期限内使用,并于规定的期限内以同等数量的货币或同等品质、同等数量的物品归还贷方,并按约定给付利息或不给付利息的协议;后者仅指货币借贷合同,即《中华人民共和国合同法》所称借款合同。② 就其主要特征而言,一是借款合同所形成法律关系应是特定的债权债务关系;二是借款合同项下的还款金额依约可确定;三是贷款人可要求借款人提供担保、抵押、质押等形式的担保。

投资合同,即经济主体为获取未来不确定的收益,将现有货币或实物的物上权利转移至被投资方处,并与其共同经营、共享收益、共担风险的协议。与借贷关系不同,首先,投资关系强调营利性,即投资方是基于对投资项目未来盈利能力的认可,才可能与合作方达成投资意向。但是,市场瞬息万变,影响未来收益的因素纷繁复杂,无论是投资方还是被投资方,均需要承担市场

---

① 王林清、杨新忠:《民间借贷纠纷裁判精要与规则适用》,北京大学出版社2016年版,第71页。

② 刘晓明、张帆、郑心宏:《商事合同风险及其防范:以案说法》,法律出版社2013年版,第83页。

风险，即投资行为给双方在未来所能带来的收益是难以具体量化的，甚至可能因经营管理不善、国家政策变革、市场不景气等，造成投资方"血本无归"的尴尬局面。其次，投资关系注重"同舟共济"，即投资方享有参与投资项目的经营管理权，其投资回报率与投资项目的盈利能力是呈正相关关系，即投资项目的盈利能力为自变量，其增长，因变量投资回报率也同步增长。当然，投资方同样也需要承担项目经营亏损所带来的不利后果，无权向合同相对方提出归还投资本金及相关利息的要求。再者，投资关系之外一般不再成立担保关系，否则会对合同双方的平等地位产生不利影响，且有悖于市场经济中的风险承担规则。

因此，对于实务中当事人双方以投资、联营等名义所签订的合同，其形成的民事法律关系究竟是投资关系、联营关系，还是挂名的民间借贷关系，需要司法机关正确理解借贷与相关概念的含义，对涉案行为的主要特征进行界定，严格甄别真假借贷关系，依法维护公民个人的合法权益和企业的发展。[①]

（三）民事案件刑事化处置的消极影响

在司法实务中，囿于立法缺乏对罪与非罪的具体区分标准，民间借贷行为稍不注意，就有被演绎为涉嫌刑事犯罪行为的风险。同时，个别地方随着民间借贷案件的激增，出现了将部分民间借贷案件定性为非法吸收公众存款罪，或者集资诈骗罪等金融犯罪的倾向[②]，对民间借贷的发展与规制带来了诸多消极影响。

加之近年来民间借贷活动具有涉及人数众多、金额规模较大等特点，一旦借款方出现资金链断裂或其他难以还款的情形，极

[①] 滕艳军：《名为借款但参与公司经营管理的应认定为投资》，载《人民司法·案例》2014年第10期。

[②] 李明：《当前民间借贷案件飙升的原因、难题与解决》，载《中国经济周刊》2018年第3期。

易引发群体性事件,政府往往基于"维稳"目的,将原本属于民商事法律规制范畴的纠纷直接交由刑法来处置,常见的罪名有非法吸收公众存款罪、集资诈骗罪、非法经营罪等。这种过度依赖刑罚工具并忽视金融市场规律的做法,不仅增加了执法成本,而且导致刑法过度介入经济生活,增加了正常民间借贷的法律风险,形成"严而不力"的执法困局。一方面,法定刑畸重,违背了罪责刑统一的原则,凸显了国家严格限制甚至打击民间金融的思路,挫伤了民间金融的创新活力;另一方面,在重刑化的治理机制下,非法集资犯罪却呈现出逐年倍增的趋势。①

根据最高人民法院公布的数据,2015 年至 2017 年,非法吸收公众存款犯罪案件的重刑率(判处 5 年有期徒刑以上刑罚的比率)分别为 23.17%、19.42%、18.4%,监禁率分别为 71.20%、72.91%、78.36%;集资诈骗犯罪案件的重刑率分别为 75.03%、77.77%、77.22%,监禁率分别为 93.44%、94.82%、93.66%。就案件数量而言,2015 年至 2017 年全国法院新收非法集资犯罪案件同比分别上升 108.23%、36.7%、6.13%,2015 年至 2017 年审结非法集资犯罪案件同比分别上升 70.1%、76.2%、22.2%。② 显然,合法的民间借贷行为一旦被司法机关认定为犯罪行为,相关借贷主体将极有可能面临"牢狱之灾",甚至造成民间借贷领域的"冤假错案",打击民间借贷主体参与市场交易的积极性。

(四)民刑交叉的负效应问题

司法实践中,单个民间借贷事实的累计叠加,行为人可能涉

---

① 岳彩申:《民间借贷风险治理的转型及法律机制的创新》,载《政法论丛》2018 年第 1 期。

② 最高人民法院:《人民法院审理非法集资刑事案件情况及典型案例》,载教育部网,http://www.moe.gov.cn/s78/A05/s7655/ztzl_xcjy/xcjy_cycl/201808/t20180820_345621.html,2018 年 8 月 30 日访问。

嫌利用民间借贷的合法名义，实施触犯刑律的犯罪行为。同一法律事实，既牵涉民事法律关系，也涉及刑事法律关系，即民刑交叉。在民间借贷涉及刑事犯罪的情况下，许多法院的习惯做法是"先刑后民"，即先将刑事案件审理终结，再对民事案件进行审理，或者在审理刑事案件的同时附带审理民事案件，在此之前不单独审判民事案件。[1]究其原因，即"重刑轻民"思想长期在我国立法、司法、执法工作中占据主导地位[2]，涉及民刑交叉的规范性文件，如《最高人民法院、最高人民检察院、公安部关于及时查处在经济纠纷案件中发现的经济犯罪的通知》《最高人民法院、最高人民检察院、公安部关于在审理经济纠纷案件中发现经济犯罪必须及时移送的通知》，基本确立了民刑交叉案件"先刑后民"的处理思路。[3]

不可否认，"先刑后民"对惩罚刑事犯罪，维护金融市场秩序，发挥了积极作用，但随着民刑交叉案件的多样化、复杂化，加之罪与非罪的界限不清不楚，致使司法实务对案件刑事部分的审查需要经过长时间的论证和讨论，民事部分的审查工作只得一拖再拖，部分年纪较大的受害者可能还未得到应有的民事赔偿就已经去世。与此同时，犯罪嫌疑人一旦被判处刑罚，除限制人身自由的监禁之外，还会被并处以高额的罚金或者没收财产的财产刑，关于没收的罚金及财物的处置，依《中华人民共和国刑法》第64条规定，一律上缴国库，即在民刑交叉案件的刑事部分审理终结之后，被执行人的绝大部分或全部资财已被执行完毕，留

---

[1] 江丁库：《民间借贷法律规范与操作实务》，法律出版社2015年版，第327页。

[2] 最高人民检察院检察长曹建明曾在全国检察长会议上强调，应切实转变"重刑轻民"的观念。"有案必办、有腐必惩"，载人民网，http://legal.people.com.cn/n/2013/0111/c42510—20164029.html，2018年9月1日访问。

[3] 杜万华、最高人民法院民事审判第一庭：《最高人民法院民间借贷审判实务指导与疑难解答》，中国法制出版社2015年版，第76页。

给民事部分执行的资财已难以足额赔付给相关的受害人。

依《民间借贷规定》第 6、7 条的规定，人民法院认为与民间借贷纠纷案件虽有关联但非同一事实的涉嫌非法集资等犯罪的线索、材料的，应当继续审理民间借贷纠纷案件的同时，将涉嫌非法集资犯罪的线索、材料移送公安或检察机关；民间借贷的基本案件事实必须以刑事案件审理结果为依据，而该刑事案件尚未审结的，人民法院应当裁定中止诉讼。基于此，可以认为，同一案件非同一事实，分别违反民事法律规范与刑事法律规范的，民刑并行审理；同一案件同一事实，必须以刑事案件审理结果作为民事裁判的依据，即实行先刑后民。换言之，如果民事案件基本事实清楚，且无须以刑事案件的审理结果为依据的，依然按照民刑并行进行审理并依法做出判决，即无须中止民事部分的审理。此外，2017 年颁行的《关于公安机关办理经济犯罪案件的若干规定》中重申了"刑民并行"的办案模式，如第 22 条规定，"涉嫌经济犯罪的案件与人民法院正在审理或者做出生效裁判文书以及仲裁机构做出裁决的民事案件有关联但不属同一事实的，公安机关可以立案侦查，但不得以刑事立案为由要求人民法院移送案件、裁定驳回起诉、中止诉讼、判决驳回诉讼请求、中止执行或者撤销判决、裁定，或者要求人民法院撤销仲裁裁决"。但由此也引发出一系列认定层面的问题，即对于如何理解"有关联"、关联到什么程度、什么属于"同一事实"，以及哪类情况是"同一事实"，尚有待于司法实践来予以回答。①

五、我国民间借贷规范发展的可行性路径分析

站在市场定位的角度观察，民间借贷应扮演着正规融资渠道

---

① 李明：《当前民间借贷案件飙升的原因、难题与解决》，载《中国经济周刊》2018 年第 3 期。

补充者和竞争者的角色。补充者，即满足正规金融业务范围之外的部分社会融资需求，尤其是针对一些难以通过银行渠道及时获得足额资金的中小型企业；竞争者，即规范发展的民间借贷具有正规金融所没有的优势，如手续简便、放款迅速、期限灵活等，加之部分民间借贷业务的利息与同等额度的银行贷款利息相差无几，很多亟须资金的企业或自然人会倾向于民间借贷渠道进行融资，从而导致原本属于正规金融业务范围的部分市场被民间借贷所占据，商业银行的信贷业务规模被迫紧缩，反向诱使正规金融改变相关贷款制度，为资金需求者提供更为实惠的贷款业务。但就市场现状而言，如前文所述，囿于相关民间借贷主体过度逐利，行业规范化程度偏低，加之相关法律制度、监管体系不完善，致使民间借贷市场乱象丛生，在损害借贷主体合法权益的同时，扰乱社会经济秩序。换言之，我国民间借贷的发展正在偏离其市场定位，即不是正规金融的补充者，也不是一名优良的市场竞争者，其更像是资本市场中的一个搅局者，有悖于国家鼓励发展民间借贷市场的初衷。

此外，民间借贷作为非正规金融的融资方式，借贷关系的建立与否，很大程度上依赖于借贷双方的相互信任，而借贷合同是否能依约履行，则考验合同双方的诚信程度，即是否秉持契约精神。然而实践中，不少民间借贷纠纷案件的重要起因，就是当事人由于种种原因未能依约履行义务。例如，在借贷关系成立阶段，借款主体捏造虚假材料以掩盖其并不具备相应贷款的偿还能力，贷款主体则通过各种隐瞒真相的手段以骗取担保人担保等；在借贷合同履行阶段，合同一方或双方存有不同程度的违约或毁约行为。加之，民间借贷双方普遍缺乏相应的法律知识和风险防范意识，致使其在从事民间借贷活动中的行为不规范，具体履行借贷权利义务时又各执一词。在双方难以协商达成一致的情况下，为维护己方的合同利益不受侵害，最终只得通过法律程序予以解决。然而，如前文所述，在司法审判阶段关于民间借贷案件的审理，仍存在意思自治与利率限制的协调、挂名借贷与真实借贷的界定、民事案件刑事化处理等问题。基于此，有必要在总结过去经验教训的基础上，以问题为导向，对我国关于民间借贷的相关制度进行完善，国家立法层面增加制度供给，市场监管层面降低行业风险，权益救济层面重视民刑并行，让民间借贷回归其互利互惠、灵活便捷的本质属性，既符合其作为正规金融补充者与竞争者的市场定位，也能促进民间闲置资金的物尽其用。

（一）国家立法层面

制度经济学的研究表明，制度具有如下积极功能：一是能给人们提供一种简化识别负担的关键功能，使错综复杂的人际交往过程变得更易理解和更可预见，降低人与人之间的交易成本，使得生产资料和生活资料等具有更高的生产率；二是有助于保护个人自主领域，使其免受外部的不恰当干预，如欧洲文明自古希腊和古罗马时代起就已产生尊重私人自主的制度观念；三是有利于防止和化解个人间和群体间的冲突，如通过划定自主抉择的范围规范市场主体的行为，并且在出现利益冲突时，提供有效的裁决机制。[①] 我国现行有关民间借贷的法律规范，散见于相关法律、法规、规章以及司法解释之中，除 2015 年由最高人民法院颁布施行的《民间借贷规定》之外，部分规范性文件如民法通则、合同法以及司法机关出台的相关规定、意见、批复等[②]，因颁行时

[①] [德] 柯武刚、史漫飞：《制度经济学——社会秩序与公共政策》，韩朝华译，商务印书馆 2000 年版，第 142—146 页。

[②] 例如，1990 年 11 月 12 日，最高人民法院印发的《关于审理联营合同纠纷案件若干问题的解答》；1992 年 8 月 12 日，司法部发布的《关于办理民间借贷合同公证的意见》；1993 年 11 月 17 日，最高人民法院关于如何确定借款合同履行地问题的批复；1996 年 3 月 25 日，最高人民法院关于企业相互借贷的合同出借方尚未取得约定利息人民法院应当如何裁决问题的解答；等等。

间较早，难以对当前民间借贷市场存有的相关问题做出有效回应。简言之，制度虽有，但非有效制度，即制度本身缺乏普适性与可操作性。同时，涉及民间借贷的法律规范呈零散化、碎片化分布，与法律制度应具有的体系化、科学化特征相差甚远，既提高了相关市场主体找法的难度，也增加了司法机关审理案件的法律成本。据此，有必要对我国涉及民间借贷的法律制度做出调整，通过顶层设计将实践中所呈现出的主要问题上升至立法层面予以解决，即增加持续有效的制度供给，从而遏制民间借贷市场的各类乱象，产生制度红利。兹将具体路径作如下梳理。

1. 立法模式：宜采集中立法模式

既然民间借贷有广泛存在的合理性和必要性，那么，如何创新和完善法律制度，使其为社会经济的发展发挥更好的作用，则是中国经济法制建设的一个重要课题。[①] 从世界范围来看，关于民间借贷的立法规制，主要有以下两种模式：一是专门制定一部法律规范，如我国香港地区1986年《放债人条例》、南非2005年《国家信贷法》和2006年《国家信贷管理规定》、新加坡2008年新修订的《放贷人法案》和2009年《放贷人条例》；二是通过多层次立法对民间借贷进行综合性规制。针对借贷利率，专门制定"利率限制法"，如韩国1965年《利率限制法》、日本1954年《利率限制法》、美国1966年《利率限制法》等；针对商事借贷，专门出台法律，如美国1968年《消费者信贷保护法》、日本2006年《放贷业法》、韩国2012年《信贷业务法》等；针对非法借贷，通过制定专门法律或在法典中专章专节进行规定，如我国澳门地区1999年《民法典》、日本2003年《地下金融对策法》和2006年《违法金融整治法》、美国数州的《宪

[①] 岳彩申、袁林、陈蓉：《民间借贷制度创新的思路和要点》，载《经济法论丛》2009年第1期。

法》以及反高利贷法律等。①

具体就我国民间借贷的立法模式而言，现有涉及民间借贷的法律制度已不足适应现代民间借贷市场的发展。有必要在总结过去立法的经验教训的基础上，借鉴境外立法经验，对我国相关法律制度做出调整。从调整的思路上看，结合我国的立法习惯，较具有可操作性的立法模式有两种：一是以我国民间借贷市场的新问题与新趋势为导向，对现行法律法规的相关条文进行修改，即保留现有分散性立法模式；二是整合涉及民间借贷的法律规范，统一制定和完善关于民间借贷的法律以及相关配套制度，将利率限制、资金来源、商事借贷等典型问题上升到立法层面予以明确，即集中性立法模式。客观而言，尽管两种立法模式各有利弊，但是，无论从法律制度本身应具备内容完备、结构科学等特征的角度，还是从持续有效地规范我国民间借贷市场乱象、各市场参与主体真正从中获利的角度观察，集中性立法模式与民间借贷的市场定位更相吻合；同时，其有助于指导各级人民法院审理民间借贷纠纷案件，统一裁判标准，避免冤假错案。

2. 具体制度安排：以商事借贷为重点

首先，就制度框架而言，并非是将现行涉及民间借贷的法律法规简单地、机械地整合成一部关于民间借贷的法律或法规，而是应结合我国立法习惯和市场现状，建立多层次、多形式的法律法规体系对民间借贷进行分类规制。具体而言，规范民间借贷的法律规范体系应包括四个部分：一是民法总则、合同法等普通民事法律，规范非专人性的私人借贷行为；二是涉及民间借贷相关参与主体的法律，规范特殊民间机构借贷结构的借贷行为；三是专门的民间借贷法，规定以营利为目的的并专门从事借贷业务的

---

① 刘道云：《建议有区别有重点的立法规制民间借贷》，载上海市法学会商法学研究会 2012 年年会论文集，第 72 页。

机构和个人的商事借贷行为①;四是与刑法有效衔接,对于从事非法借贷活动如高利贷、非法集资,或因借贷关系而起的暴力催收问题等,相关涉事主体不仅要承担民事责任,严重侵害他人生命财产安全的,还要承担相应的刑事责任。

其次,就上述四个部分而言,当前制度供给最为不足的应属第三部分,即商事借贷问题。由于我国采取的是民商合一的立法体例,因此在立法和司法实践中并没有把不以营利为目的、有偿或无偿转让资金的民间民事借贷行为与以收取利息为目的、具有资金融通的商事性质的民间借贷行为区分开来。②法理上,将某一具体市场行为界定为严格意义上的商事行为,须具备如下要件:第一,该具体行为必须是商人的行为,即个体商人与各种形式的企业;第二,该具体行为必须是商人的资本经营行为,即交易是一种以市场为依托的经济行为,而诸如家庭、婚姻、继承等民事行为不在此范围之内;第三,该具体行为必须以资本增值为交易目标,即通过从事特定的市场经营活动,赚取更多的利润;第四,该具体行为必须是商人合法的资本经营行为,从事非法经营活动或由刑律加以惩处。③将具有经营性、营利性等特征的民间借贷行为与商事行为构成要件加以比对,不难发现,出借人以收取利息为目的所从事的经营性资金借贷行为,完全符合商事行为的性质。与此同时,现代社会的市场化程度高,任何人都可能从事商事行为,例如自然人甲拥有一套不常居住的房屋,便可将其改造成有当地特色的民宿后,通过网络租房平台出租给他人使用,并从中收取租金进行获利。进一步言,传统的商人身份在现

---

① 岳彩申:《民间借贷规制的重点及立法建议》,载《中国法学》2011年第5期。

② 殷炳华:《商法视角下民间借贷问题的成因与法律规制》,载《山东警察学院学报》2012年第5期。

③ 徐学鹿:《商法学》,中国人民大学出版社2015年版,第65页。

代社会已不再得以明确区分,任何民事主体都有可能成为商事主体,即从事商事活动的门槛被降低。但是,由此可能带来的负面影响,则是相关主体未经行政批准从事具有资金融通功能的民间借贷活动,极易产生和聚集市场风险,一旦某一具体环节操作不当甚至会引发群体性事件。基于此,笔者认为,对于民间借贷市场中大量存在的商事借贷关系,立法不应采取消极的回避态度。尽管现行统一规范民事借贷与商事借贷的制度有其本身的合理性,尤其是方便当前各级人民法院关于民间借贷纠纷案件的审理,但从本质上而言,商事借贷与民事借贷仍然存有较大的差异,如前者借贷关系带有强烈的"营利性"色彩,后者则更具有"救急性"特点,有必要在未来立法中对商事借贷进行单独规定。同时,在我国深化司法体制改革和健全完善金融审判体系的背景下,各级人民法院审判人员的素质能力正逐渐提升,而上海金融法院的如期成立,更是显示了审判机关努力提高金融审判专业化水平、力争建立公正、高效、权威的金融审判体系的决心,未来涉及商事借贷纠纷的案件,极有可能会由地方金融法院或专门的金融法庭接手审理,其必定会遵循商事法律的基本规则对相关争议进行公正裁判,维护相关受害者的合法权益。

最后,具体就商事借贷的制度设计,应重点包括以下内容:第一,商事放贷主体的准入标准,如强制注册与特别豁免相结合,对于符合规定条件的放贷主体,要求其必须登记注册,纳入法律规制范围,而对于不符合规定条件的商事借贷,适用豁免制度,自由开展符合法律规定的借贷行为[①];第二,设置放贷利率的上限,司法实务中对于利率的认定并未区分民事借贷与商事借贷,而是统一适用《民间借贷规定》中的"两线三区",即划定

---

① 岳彩申:《民间借贷风险治理的转型及法律机制的创新》,载《政法论丛》2018年第1期。

民间借贷利率无效的红线为年利率36%，超出该红线的利息部分应属无效，但鉴于我国利率市场化改革的方向，在不损害国家、社会公共利益或他人合法权益的情形下，法律可赋予当事人更多意思自治的空间，即适度提高商事借贷的利率上限；第三，放贷资金来源须合法合规，即不得将经其他合法融资方式或非法渠道所获取的资金转贷给其他市场主体，用于经营性放贷业务的资金一定是放贷主体自有的闲置资金；第四，从业人员的任职条件，可参照《关于小额贷款公司试点达到指导意见》中相关规定，即从事商事借贷的工作人员应具备相应的专业知识和从业经验，对借款人真实的偿还能力应作专业性审查，加之民间借贷市场暴力催债现象严重，还应为此单独设置消极条件，如有暴力催债记录的，不得从事商事借贷活动；第五，商事放贷主体的退出机制，即自动退出与强制退出相结合，对于自愿不再继续从事经营性放贷活动的放贷主体，相关法定义务履行完毕，并经工商注销登记或取消特别豁免后自动退出市场，而对于商事放贷行为涉嫌违法违规的放贷主体，且经市场监管主体多次督促仍不作为者，可强制其退出市场，并根据违法违规行为的情节轻重，对涉事机构和主要人员处以相应的罚金，同时限制相关涉事人员在一定期限内不得从事商事放贷活动。

(二) 市场监管层面

我国传统民间借贷法律治理呈现出"一放就乱，一管就死"的治乱循环，很大程度上在于政府采取"金融抑制"政策。[①] 政府为追求特定的政治与经济目标，在很长一段时间内，除低于银行同类利率4倍以下的私人间借款之外，对绝大多数民间自发形成的融资活动一直持保守甚至反对的态度。时常以维持金融秩序

[①] 岳彩申、车云霞：《民间借贷法律监管的新进路》，载《河北法学》2016年第5期。

和防范金融风险的名义对民间借贷进行清理与整顿，总体体现为行政管制为主、刑律处罚为辅的简单管理模式①，对市场造成的不利影响大致有以下两点：其一，致使部分民间借贷活动为避免被误伤而被迫转移至地下，进一步加剧借贷双方相关信息的不透明性、不对称性，加之相关借贷主体受市场投机暴富思想驱使，民间借贷很快就成为市场风险易发、频发的领域；其二，除行政管制外主要依赖刑罚手段，其背后反映出政府对金融安全的过度偏重，不惜动用最为严厉的刑律处理民间借贷案件，如将不具备合法资质而面向不特定对象吸收公众资金的融资行为认定为非法吸收公众存款罪，将一些原本并不会对金融秩序造成威胁，也不会对社会安全造成严重危害的"合理"融资行为认定为犯罪行为，极易打击民间借贷主体的积极性与创新性。② 基于此，在市场经济条件下，为使民间借贷回归其本质属性，首先政府应摒弃与市场经济发展不相吻合的监管理念，由管制型政府向服务型政府转变，对于刑律的使用要慎之又慎；其次，形成中央与地方、地方与地方共同协调治理的监管体制，明确监管主体，加强区域合作，实现信息互通；最后，根据民间借贷活动中容易触发市场重大风险的环节，建立相关制度予以重点监管，如经营性放贷主体的登记备案制度、借贷主体的征信制度等。具体梳理如下。

1. 监管理念：审慎监管与行为监管相结合

从新中国成立以来，以民间借贷为代表的非正式金融，其发展大致经历了5个阶段：第一阶段即1949至1978年，从提倡私人借贷到绝对禁止时期；第二阶段即1978年至1995年，适度宽松，但仍对非正式金融进行抑制的时期；第三阶段即1995年至

---

① 张书清：《民间借贷的制度性压制及其解决途径》，载《法学》2008年第9期。

② 岳彩申、车云霞：《民间借贷法律监管的新进路》，载《河北法学》2016年第5期。

2004年，非正式金融的严格管制时期；第四阶段即2005年至2010年，虽有限制但法律、政策开始松动时期；第五阶段即2010年至今，进一步放宽非正式金融管制。① 据此可见，民间借贷作为一种非官方民间融资方式，在很长一段时期内并未得到市场监管主体的充分信任。换言之，对于民间借贷市场所能够带来的社会经济效益，政府当局是持一种怀疑的态度，尤其是在20世纪90年代发生的几起集资要案，如沈太福案②，以及经历1998年亚洲金融危机之后，进一步增强了政府对于民间借贷进行严格管制的信心和决心。但是，物极必反，器满则覆。在资金需求量不断攀升，且正规金融渠道难以及时提供足额资金支持的今天，不少市场主体或为扩大企业的生产经营规模，或为投资各类项目以免错过政策红利，又或为解资金周转的燃眉之急等，不约而同地将目光投向民间借贷市场，倘若此时市场监管者仍秉持严格管制的态度，势必会与市场经济中的供求规律相冲突，即市场主体的意思自治范围被强制限缩，资金流动性严重受限，进而造成金融效率低下且相关资源难以得到优化配置。概言之，政府时常以维护金融市场稳定之名义，对民间借贷市场的各个方面加以限制，实则却是在为正规金融的发展扫清障碍，以便实现其为国有企业保驾护航的目的，其结果必然是无法公平地保护所有市场参与者的利益，尤其是处于相对弱势地位的民间借贷主体。同时，极易造成金融资源过度集中于国有企业或民营大型企业，真

---

① 汪丽丽：《非正式金融法律规制研究》，华东政法大学2013年博士学位论文，第74—85页。

② 沈太福的长城公司，在半年时间内非法集资10亿元。因当时还未设置"非法集资"这一法律罪名，审理法院无法据此定罪，最终是以贪污和行贿之罪名判处沈太福死刑，剥夺政治权利终身，并没收个人全部财产。此案过后，我国关于金融市场的各项法律法规继相继出台，对非法集资行为进行全力围剿的同时，对民间借贷市场作进一步限制。顾亦：《非法集资死刑第一人》，载《检察风云》2016年第10期。

正需要资金支持的中小民营企业与相关自然人,却只能望"资"兴叹,不得已转入高利贷市场。

2017年7月,第五次全国金融工作会议提出"行为监管"的新理念,即"要以强化金融监管为重点,以防范系统性金融风险为底线,加快相关法律法规建设,完善金融机构法人治理结构,加强宏观审慎管理制度建设,加强功能监管,更加重视行为监管"①。行为监管,是指监管部门对金融机构经营行为的监督管理,包括信息披露要求、反欺诈和误导、个人金融信息保护、反不正当竞争,打击操纵市场和内幕交易,规范广告行为、合同行为和债务催收行为,促进弱势群体保护,提升金融机构的诚信意识和消费者的诚信意识,消费争议解决等。② 面对以商事借贷为主力军的民间借贷市场,完全秉持严格的审慎监管理念,尽管可以在短期内通过限制相关民间借贷行为以达到降低市场风险的目的,但是对于部分经双方当事人合意,且不会对第三人或社会经济秩序产生不利影响的借贷行为,一刀切式地对其借贷关系的形成加以限制或禁止,既有违市场经济的公平要义,也降低市场竞争,造成金融资源的劣化配置。同时,因审慎监管的目标在于维护金融机构的稳健经营,确保金融体系稳定和降低系统性风险,其很难再对处于弱势地位的民间借贷消费者给予足够的保护,加之审判机关对刑事责任的溺爱,动辄就没收非法所得及个人财产,民间借贷消费者的财产权损害更是难以得到有效的救济。基于此,有必要对现行的审慎监管制度加以扬弃,赋予市场主体更多意思自治的空间以及参与民间借贷的权利。同时,融入行为监管的新理念,加强对处于弱势地位的民间借贷消费者的法

---

① 《服务实体经济防范金融风险深化金融改革促进经济和金融良性循环健康发展》,载《人民日报》2017年7月16日第001版。

② 孙天琦:《金融业行为监管与消费者保护研究》,中国金融出版社2017年版,第87页。

律保护，即审慎监管与行为监管，应形成监管合力为我国民间借贷市场的有序发展添砖加瓦。

2. 监管体例：央地共治与属地政府监管能力提升

长期以来，我国对于金融市场的监管依赖于中央统一的条线垂直管理体例来实现的，即"中央定调、地方实施"。但问题在于，当下的地方金融监管体系，在规制民间借贷市场方面，并未发挥其应有的基础性监管作用。其原因在于：一是全国各地区的经济发展水平不尽相同，所对应的民间借贷市场的活跃程度也有所差异，但受制于国家层面法律或政策的制约，部分地方政府难以根据市场的地域特征出台有针对性的监管举措；二是现行中央统一垂直管理体系下的市场监管部门，存有多头监管、监管缺位和监管力量薄弱等突出问题，如小额贷款公司和融资性担保公司由各地金融办监管，投资公司和中介机构归工商部门管理，而典当行则由商务部门监管，加之监管部门确有监管能力不足及非专业性问题，逐渐形成监管缺位和过度监管的双重矛盾[①]，为不少市场主体"钻监管漏洞"地从事违规放贷业务提供了可能；三是政府对金融市场的部分监管职能已转移给社会中介机构，但在商业利益的驱使下，相关中介机构未能担负起相应的监管责任，甚至伙同被监管者欺骗金融消费者和监管机构，如出具与被监管者实际运营情形完全不相吻合的报告或意见书，制造被监管者的经营行为符合行业规范的假象，然而缺乏相关专业知识和能力的社会公众与监管机构所做出的判断，则很大程度上依赖于这些中介机构所出具的专业性意见。

2018年5月，中国银行保险监督管理委员会、公安部、中国人民银行等四部门联合印发了《关于规范民间借贷行为维护经

---

① 潘为：《非金融机构贷款人法律制度研究》，吉林大学2012年博士学位论文，第115页。

济金融秩序有关事项的通知》，有针对性地对民间借贷市场中的非法集资、暴力催收、高利转贷等突出乱象做出了强有力的回应。就监管机制而言，要求地方人民政府以及有关部门要加强协调配合，依法履行职责，并且对相关市场主体所从事的违法违规行为，进一步明确了具体的监管主体，如对非法集资、暴力催收、高利转贷等行为，公安机关应依法调查处理，并将非法发放民间借贷活动的相关材料移送银行业监督管理机构。可以认为，除对具体的违法违规行为明确主管部门之外，更为关键的应是建立符合市场经济背景下民间借贷市场发展的地方金融监管体制，并与中央政府的监管层面进行有效联动，形成监管合力以规范民间借贷行为。具体建议，即划清中央政府与地方政府、各监管职能部门之间的职责界限，尤其是应赋予地方政府更多的监管权限和职能；设立专项资金，引进专业的人才和设备；加强监管职能部门之间的协作配合，如由地方金融办牵头建立大数据监管平台，将分管相关领域的监管部门所掌握的信息统一上传到该数据平台，实现监管信息的互通有无；规范中介机构的经营行为，如设置涉事机构强制注销登记程序、规定涉事人员禁止再次从业的期限，从而提高违法违规成本；等等。

3. 重点制度建设：他律与自律兼修

第一，市场准入与退出机制。就市场"入口"而言，应根据民事借贷与商事借贷加以区分。对于不以营利性、经营性为特征的相关借贷主体，可经豁免程序后从事法定范围内的民间借贷活动，无须再另设准入门槛；对于专门从事经营性放贷业务的民间组织，作为其主营业务的放贷行为属类金融业务，且涉及放贷的资金数额巨大，基于风险防范和金融消费者权益保护等考量，应对其采取登记注册的管理方式，纳入法律规制的范畴。就市场"出口"而言，我们应将关注的重点放在登记注册的民间放贷组织之上，即对于因经营不善、情势变更等缘由，造成相关商事主体符合《中华人民共和国公司法》关于公司解散的条件，在不危及债权人等相关利益关系人合法权益的前提下，经主管部门核实无误并作注销登记后，自动退出市场；对于涉及违法违规经营行为的民事放贷主体，无论是具体参与人还是组织机构，尤其是经主管部门警告、约谈后屡教不改者，应强制其退出市场。同时，将其从事违法民间放贷活动的相关材料移送公安机关进行处理。

第二，激励与惩罚相容机制。激励惩罚相容监管是指在金融监管中更多地引入市场化机制，其所强调的是，金融监管不能仅仅从监管的目标出发设置监管措施，而应当参照金融机构的经营目标，将金融机构的内部管理和市场约束纳入监管范畴，引导这两种力量来支持监管目标的实现。① 具体应用于民间借贷监管，即要求相关监管部门应注重商事放贷主体的利益和经营目标，引导其建立科学、制衡的内部组织机构。在激励层面，可制定检举违法违规行为的奖励机制，或从没收的违法所得中抽取一定比例的资金，或单独设置专项资金，根据所提供信息的关键程度按照一定标准奖励给检举者，激励相关市场主体给向监管部门提供其无法获取的重要信息，提高监管效率，减少信息不对称所带来的道德风险和逆向选择②；在惩罚层面，对于侵害他人合法权益、扰乱社会经济秩序的违法违规行为，一经查实，必须严惩，否则还会在民间借贷市场中埋下诸多隐患。除对相关涉事组织进行强制注销登记、禁止相关涉事人员再次从事放贷业务之外，还应根据具体违法情况处以罚款，并将涉事组织及个人的不诚信行为，分别录入国家企业信用信息公示系统和中国人民银行互联网个人信用信息服务平台，防止守法成本高于违法成本、劣币驱逐良币

---

① 丁邦开、周仲飞：《金融监管学原理》，北京大学出版社2004年版，第18页。

② 陈钊：《信息与激励经济学》，格致出版社2010年版，第69页。

的现象大量存在。

第三,行业自律规范与社会征信体系。我国民间借贷及其行业自律传统虽然历史悠久,但由于诸多原因,适应当前自律需要的民间借贷行业性组织尚未广泛形成,相关自律规范发展缓慢。① 近年来,虽然在市场实践中已先后成立了一些自律型组织,如广东省典当行业协会、中国小额贷款公司协会,并组织制定同业公约和自律制度以提高行业规范程度。但由于现代民间借贷市场的复杂性、自律监管对政府监管的依附性及其自律监管体系本身的不完善等原因,其与实现民间借贷行业的真正自律监管尚有相当距离。据此,可考虑在未来根据各地民间借贷市场的成熟度、活跃度等,对现有自律性组织的资源进行整合与优化,如合并设立统一的民间借贷协会,建立借贷主体信息共享平台,提高执业人员的法律水平与业务能力。同时,还应加强地区行业之间的协作与交流,尤其是针对跨区域不法借贷活动。就社会征信体系而言,可分为两个方面:其一是针对放贷主体,部分民间放贷机构在使用借款人信用报告时存有诸多不规范之处,如不与客户签订书面使用协议,未明确约定用途,或者违法使用客户征信信息,如放贷机构人员私下将该类信息进行交易,严重违背了《征信业管理条例》的相关规定。② 因此,有必要对民间借贷机构的经营行为予以规范,特别是对于客户个人信息保护方面。对于故意泄露客户信息或其他违法违规经营行为,一经查实,除应由相关涉事机构及工作人员承担相应的法律责任之外,还应将机构的违法违规信息上传至国家企业信用信息公示系统向社会公众予以公示。其二是针对借款主体,实践中部分借款主体在申请民

---

① 黄茂钦、李晓红:《民间借贷的软法治理模式探析》,载《西南政法大学学报》2013年第5期。

② 周慧虹:《民间借贷机构征信亟需规范》,载《经济日报》2015年8月10日第9版。

间贷款阶段伪造相关个人信息,借款期限届满之后因种种原因拖欠贷款等现象屡见不鲜,甚至出现一个自然人在民间借贷市场时常发生违约现象,但在央行所出具的个人信用报告中却显示其信用记录良好。① 据此,应尽快建立民间借贷市场的个人征信平台,实现地区与地区之间个人征信信息的互联互通。同时与央行合作,如接通个人征信系统专线,实现银行信贷与民间信贷之间信用数据的开放共享,将信用记录"不及格"的借款人逐出民间借贷市场。当然,从事数据信息管理的相关工作人员必须通过严格的专业性培训,提高其法治意识,切实保护好客户的征信权益。

(三) 权利救济层面

"没有救济,就没有权利"。法律意义上的救济,根据《牛津法律大辞典》的释义,即"纠正、矫正或改正已发生或业已造成伤害、危害、损失或损害的不当行为。更准确的分析可以这样来表述:法律制裁赋予特定关系中的当事人以两种权利和义务,即第一与第二权利和义务,前者如取得所购买的货物和取得货物的价款,后者如强制对方交货,或强制对方就未交货一事给付赔偿;或在另一方面,强制对方支付货物的价款或强制对方就拒收货物而给付赔偿。虽然只有在第一权利未被自愿或未被令人满意地满足的情况下,第二权利或救济权利才能发生作用,但要求对方履行义务的权利,或要求对方就未履行义务或不适当履行义务给予救济的权利,却都是真正的法定权利。相应地,救济是一种纠正或减轻性质的权利,这种权利在可能的范围内会矫正由法律关系中他方当事人违反义务行为造成的法律后果。"② 可以认为,

---

① 高利军、王萌、陈燕:《温州民间融资中心助推个人征信体系建设的策略研究》,载《中国商论》2016年第10期。

② 《牛津法律大辞典》,光明日报出版社1988年版,第764页。

权利的行使离不开救济的保障,两者具有天然的契合性。相关主体间的产生权利冲突或权利享有者的合法权利被侵害,倘若没有畅通有效的权利救济路径的存在,势必会对相关权益人造成极为不利的影响,或引发多米诺骨牌效应,即社会公众中没人再尊重他人的权利,社会秩序将不复存在。

一般而言,在权利有保障的国家,其宪法规定的公民权利均要求国家有义务尊重其合法权利,并为其有效行使提供保障。就权利救济路径的具体形式来看,主要表现为立法救济、宪法救济、行政救济、司法救济和社会救济等[1],对于民事主体而言,又可将上述救济形式整合归纳为两种主要救济类型,即私力救济与公力救济。实践中,基于对救济效率、救济成本、救济时间等要素的考量,权益受侵害者往往会优先选择私力救济,但当私力救济难以取得预期效果时,权利人就需要借助公力救济来满足其民事权利救济的要求。然而,在我国民间借贷市场中,部分权利主体在进行私力救济时,并未意识到"权利是有限的,是有边界的",滥用债权现象比比皆是,最为典型即暴力催债行为。同时,实施具体催债行为的主体,有可能是放贷主体亲力亲为,也有可能是放贷主体委托的职业催债公司。据统计,仅北京地区就存在不同规模的催债公司300多家,其每年追债的金额则达数亿,而作为民营经济前沿阵地的上海、广东、浙江等地同样存在大量职业催债公司,从业人数之多令人吃惊。[2] 加之相关行业规范不完善以及从业人员法律意识的缺位,暴力催债问题尤为突出。除此之外,在公力救济层面,从我国相关司法实践的效果来看,也存在诸多问题,如先刑后民致使权益受害者难以获得相应补偿、民

---

[1] 戚浩飞:《权利救济:让每个人更有尊严》,载《人民论坛》2014年第11期。

[2] 赵忠奎:《债权实现中的私力救济现象研究——以民间借贷纠纷为视角》,载《海南大学学报》2015年第5期。

间借贷过度刑事化处理造成无辜者"躺枪"等。基于此,有必要对我国涉及民间借贷领域的权利救济制度加以完善,明晰私力救济的合法范围,即无论是债权人本人还是委托于他人实施的催债行为,均不得超出债权的权限和范围,尤其是应对职业催债公司的经营行为予以规范,相关监管部门须严厉打击以维权之名行非法催债之实的侵权行为;公力救济,应统一司法裁判标准,严格区分罪与非罪,适用刑律时应慎之又慎,避免民事案件刑事化处理,但对确系侵害他人合法权益或扰乱社会经济秩序的违法违规行为,必须严惩,绝不姑息。具体作如下梳理。

1. 私力救济:权利有边界

现实中,对于借贷双方经意思表示一致所形成的合法之债,相关债权的实现基本依赖于债务人的主动履行。如果债务人不配合,债权人可依借贷合同向债务人提出履行债务的请求,如发邮件、打电话等方式提醒债务人,或者通过其他合法途径向债务人主张债权,如协商、和解、调解等,若上述方法均徒劳无功,债权人则可向人民法院起诉或者去仲裁机构,借助公权力实现债权。对于借贷双方形成的非法之债,以及由相关主体实施的暴力催债行为,受害者的合法权益应更多借助公力救济方式予以保护。当然,对于正在实施的不法侵害,且难以得到公权力的及时救济的情形时,相关主体可在法律允许范围内进行正当防卫。

以民间借贷关系的主体为标准,可以将私力救济进一步划分为贷方的私力救济和借方的私力救济。

就贷方而言,时常未能按时按量收到债务人的还贷款项,一大重要原因在于其在审核债务人的借款申请材料时未尽到勤勉义务,即在债务人实际不具备相应的偿债能力情形下,或基于业务推广、占据市场等缘由,仍将相应贷款发放于借款人。而后,在借款人不能偿还贷款时,放贷主体又将暴力催债当作风险控制的手段,即将因自己未尽勤勉义务所产生的风险强加于借款人。因此，贷方，尤其是以从事商事放贷为主营业务的组织，应将风险控制的重点由事后催债向事前审核转移，每一笔出借款项都要经过相关专业人士的严格审核，对于确有偿债能力的借款申请人，才能发放贷款。万不能图业务发展、抢占市场之快，置经营风险于不顾。

此外，对于民间借贷市场的"老赖"，即确有一定偿债能力，但就拒不履行还款义务，贷款到期后一拖再拖，贷方采取的救济措施须在现行民事法律制度的框架之内，如常见的故意伤害、非法拘禁、侮辱、恐吓、威胁、骚扰等暴力催收行为已严重超出债权的范围和权限，甚至触及刑律。基于此，贷方在向债务人主张到期债权时，应遵循请求权的权能去行使债权，即经电话、邮件、见面等方式向债务人提出履约请求，要求其在一定期限内向债权人履行还款义务。倘若经催告之后，或再经双方协商、和解、调解等方式均难以奏效时，作为借贷关系中的债权人，应向人民法院提起诉讼或者向仲裁机构提交仲裁申请，通过公力救济途径实现债权。另言之，对于专门从事催债业务的人员和机构而言，接受他人委托向目标主体进行催债时，其催债行为也不得超出相关债权的范围和权限，即相关主管部门应尽快出台相关的行业规范，明确合理催收的方式和范围、从业人员的任职条件等，如对于已有故意暴力犯罪记录的应聘者，限制录用或禁止录用。

就借方而言，借贷双方就相关借款事宜达成意思表示一致后，贷方违反约定未按时按量发放贷款，借款人可遵循请求权的权能向贷款主体提出请求，即要求其在一定期限内发放相应款项。若经多次催告后，或经协商、和解、调解或仍不按约发放贷款，借款人可自行解除借款合同，并依约向贷方索赔违约金，或者经法院裁判、仲裁机构仲裁等方式向贷方主张权益。此外，在面对债权人或第三方的暴力催收行为时，债务人维护自身合法权益的方式可区分为二：其一，在能够及时得到国家公权力救助的情形下，应优先选择向公安机关或其他政府机关寻求帮助；其二，对于时机紧迫，且危及人身安全的暴力行为，债务人可采取措施行使自卫权，实施后应及时向国家公权力机关报告。尽管我国立法考虑到社会公众难以把握防卫的限度，未对维护财产安全的自助行为加以规定，但从理论上讲，应当允许与鼓励人们在其合法权利受到非法侵害时，进行财物自助。① 当然，债务人所实施的自助行为也不能超出债权的本质，否则很有可能会演变成为刑法意义上的防卫过当行为。

2. 公力救济：权力配置行使的脱稚化

理论上，公力救济对保护民事权利来说，是完美无缺的。因为，国家公力机关依法被赋予了权威性和强制性，它们恪尽职责，可以使法律顺利而全面地实施、执行，也可以用国家的力量阻止或惩处民事权利加害人，保护民事主体充分、自由地享有、行使民事权利。但是，在现实市民社会中，公力救济被自身的特点、缺陷、适用条件或者执法者的业务水平等相关因素的限制，其效用必然会受到一定消极影响，甚至大打折扣，难以充分保护民事主体的合法权益。② 具体就涉及民间借贷市场的公力救济而言，如前文所述，较为主要的问题为：一是意思自治与利率限制；二是真实借贷与挂名借贷；三是民事案件刑事化处置；四是民刑交叉时的先刑后民问题。立足于此，结合相关法理，对如何完善民间借贷领域的公力救济制度作如下探讨：

首先，在区分民事借贷与商事借贷的基础之上，通过立法层面分别规定两者适用利率的最高上限，即利率制度是市场经济中重要的金融活动规则，应当通过国家立法的形式加以规范。③ 对

---

① 王建平：《民法学》，四川大学出版社2005年版，第104页。
② 王建平：《民法学》，四川大学出版社2005年版，第107页。
③ 王林清、杨心忠：《民间借贷纠纷裁判精要与规则适用》，北京大学出版社2016年版，第175页。

于民事借贷，多以满足民众的生活刚性需求为主，如购买首套居住型房屋、日常生活用品等，该类民间借贷的利率上限不宜规定过高，否则会影响民生和加大社会贫富差距，甚至诱发金融危机，严重破坏国家金融体系的运行秩序。① 对于商事借贷，多应集中于实体经济的经营生产领域，如商事主体之间就借款人用于购买或租赁相关生产资料的款项及利率等事宜达成合意。基于尊重意思自治与资本的正当逐利性，相对于民事借贷较低的利率上限而言，商事借贷的利率上限可根据市场的需求适度提高，引导大量闲置的民间资本向"物尽其用"的实体经济领域流通，遏制其在房市、股市、币市等领域制造金融泡沫，为社会创造更多有实质性意义的物质财富。至于民事借贷与商事借贷分别的利率上限数值，必须经权威的专业机构进行充分、全面、完备的市场调研之后，并经相关行业专家作反复论证，最终才得以确定。例如，根据西南财经大学《2014年中国财富报告：展望与策略》的数据显示，2013年全国民间融资平均利率达到36.2%，由此确定，在当前的民间资本市场环境下，以36%为民间借贷利率上限符合我国金融市场的实际需求。②

其次，应严格甄别当事人双方所形成的具体法律关系，如区分投资关系与"名为投资、实为借贷"的关键在于风险负担和经营参与，投资关系中的投资者一般会参与投资项目的具体经营管理事项，由于投资所可能获得的效益是未来的、不确定的，故投资者与被投资者更像是一根绳上的蚂蚱，有福同享、有难同当；而在借贷关系中，若是有偿的，即双方有明确的利率约定，债权

---

① 有学者指出，2008年美国次贷危机的爆发与1990年代以来各州消费信贷利率管制的放松有直接关系。廖振中、高晋康：《我国民间借贷利率管制法治进路的检讨与选择》，载《现代法学》2012年第2期。

② 杜万华：《民间借贷审判实务指导与疑难解答》，中国法制出版社2015年版，第281页。

人对于借款期限届满后所能够获得收益是可确定的。债务人使用借款的具体行为，或用于投资，或用于经营，或用于生活等，债权人一般不过问也不参与，且无论上述行为获利与否，均不影响其依约向债权人支付相应的本金与利息。此外，民间借贷是一种债，投资虽有协议，但不是债，而仅仅是对自己所有物权的处分；借贷可担保、可转移，而投资一般不可担保，但可转让。①

再者，有必要划清民间借贷与非法集资类犯罪的"罪"与"非罪"的界限，慎重适用刑律，避免出现民事案件刑事化处理问题。根据最高人民检察院、公安部《关于公安机关办理经济犯罪案件的若干规定》中第2条"公安机关办理经济犯罪案件，应当坚持惩罚犯罪与保障人权并重、实体公正与程序公正并重、查证犯罪与挽回损失并重，严格区分经济犯罪与经济纠纷的界限，不得滥用职权、玩忽职守"的规定，以及依据罪刑法定原则和谦抑性原理，应当坚持法无明文规定不为罪，对于涉民间借贷案件，不能动辄"强化"刑法的社会调整功能，应当在借款对象、占有目的、偿还能力、资金用途、利率高低、还款期限、宣传手段、实际投入经营等方面严格区分民间借贷行为与非法吸收公众存款罪的界限，特别要避免因资金链断裂、资不抵债，无法偿还民间借贷本息的行为，由于引发了被害人群访群闹事件，就作为非法吸收公众存款罪等金融业犯罪来予以对待。② 此外，对于非法放贷与高利贷行为，尽管违反了国务院颁行的《非法金融机构和非法金融业务活动取缔办法》的相关规定，但无论是法律还是司法解释，均未明确规定上述两类行为应适用非法经营罪。进一步言，倘若两类行为未达到严重扰乱金融秩序的程度，即便引发

---

① 滕艳军：《名为借款但参与公司经营管理的应认定为投资》，载《人民司法·案例》2014年第10期。

② 李明：《当前民间借贷案件飙升的原因、难题与解决》，载《中国经济周刊》2018年第3期。

小范围的群访群闹事件,但也不宜将非法放贷与高利贷行为纳入刑法规制的范畴,还是应适用民法的相关制度加以规制。

最后,在民刑交叉案件中,"刑民并行"更有利于对受害人实施权利救济。《民间借贷规定》第 6 条规定:"人民法院立案后,发现与民间借贷案件虽有关联但不是同一事实的涉嫌非法集资等犯罪的线索、材料的,人民法院应当接续审理民间借贷纠纷案件,并将涉嫌非法集资等犯罪的线索、材料移送公安或检察机关。"即对于民间借贷的刑民交叉案件,尽管涉嫌非法集资或其他犯罪行为,但只要不是基于同一事实,刑民并行处理以保障受害人合法权益得以及时救济,其不必苦等刑事案件的审理结果后再向审判机关主张权益,从而体现国家、社会、私人的财产权受法律的平等保护。当然,在刑民并行的过程中,因受害人起诉时间的先后,或许存在赔偿不公的情形,即先起诉的案件当事人获得赔偿,后起诉或者按照刑事追赃程序寻求救济的受害人因程序拖延反而得不到赔偿的状况出现,故在实务中应由公安机关统一侦查,在刑事诉讼中实行统一追缴、统一按比例退赃、退赔[①],至于"躺在行权上睡大觉"的受害人,则过期不候。

六、小结

民间借贷活动作为民间金融的重要组成部分,在一定程度上解决了部分社会融资需求,有利于多层次融资市场的形成和发展。近年来,基于社会和经济环境的客观变化,民间借贷市场呈现出由多为熟人社会之间的"江湖救急"向契约型商事借贷发展的趋势,借贷资金规模持续扩大的同时,以高利率、暴力催收、套路贷为主要表现特征的市场乱象愈演愈烈,尤其是部分地区民

[①] 杜万华:《民间借贷审判实务指导与疑难解答》,中国法制出版社 2015 年版,第 113 页。

间借贷危机的集中爆发，既严重扰乱了区域性的经济秩序与社会秩序，也给司法机关的侦查、检察、审判工作增设不少难题，如罪与非罪的区分、真假借贷的认定、刑民交叉案件的审理顺序等，一旦处置不当，相关受害者的合法权益难以得到保障，甚至引发群体事件，激化社会矛盾。对于民间借贷领域的市场乱象及审理问题，亟须在总结现行制度不足的基础上，结合现阶段民间借贷市场的发展趋势，从国家立法、市场监管、权利救济3个层面对相关制度作调整与完善，即国家立法层面建议采用集中性立法，增加商事借贷的制度供给，如建立商事放贷主体的准入与退出机制；市场监管层面，建议秉持"疏堵并行"的监管理念，建立市场准入与退出机制、激励与惩罚相容机制、行业自律规范与社会征信体系等；权利救济层面，建议明晰私力救济的合法范围，尤其是应对职业催债公司的经营行为予以规范，公力救济即应统一司法裁判标准，严格甄别案件当事人所形成的具体法律关系，划清民间借贷行为与相关经济犯罪行为的界限，适用刑律须慎之又慎；等等。如此，才能有利于民间借贷回归其互利互惠、灵活便捷的本质属性，进而引导其为我国金融市场的繁荣发展提供能量。

参考资料

一、中文著作

1. 高晋康、唐清利：《我国民间金融规范化的法律规制》，法律出版社 2012 年版。

2. 高晋康、唐清利：《我国民间金融的规范化发展》，法律出版社 2012 年版。

3. 吉门、马玉美：《罪与非》，中国政法大学出版社 2012 年版。

4. 胡万强、林坚强：《温州民间借贷风暴》，中国民族摄影艺术出版社 2012 年版。

5. 陈蓉：《"三农"可持续发展的融资拓展：民间金融的法制化与监管框架的构建》，法律出版社 2010 年版。

6. 田朗亮：《民间借贷法律政策案例使用指南》，中国法制出版社 2012 年版。

7. 姜旭朝：《中国民间金融研究》，山东人民出版社 1996 年版。

8. 刘军宁、王焱、贺卫方：《市场逻辑与国家观念》，载《公众论丛（第 1 辑）》，北京三联书店 1995 年版。

9. 刘宪权：《金融犯罪刑法学原理》，上海人民出版社 2017 年版。

10. 王海萍：《民间借贷案件审判要点》，法律出版社 2016 年版。

11. 杜万华、最高人民法院民事审判第一庭：《最高人民法院民间借贷审判实务指导与疑难解答》，中国法制出版社 2015 年版。

12. 韩世远：《合同法总论》，法律出版社 2015 年版。

13. 梁慧星、王利明：《经济法的理论问题》，中国政法大学出版社 1986 年版。

14. 王林清、杨心忠：《民间借贷纠纷裁判精要与规则适用》，北京大学出版社 2016 年版。

15. 李国光：《合同法解释与适用（下）》，新华出版社 1999 年版。

16. 金永熙：《新编民间借贷实务 379 问》，法律出版社 2008 年版。

17. 江丁库：《民间借贷法律规范与操作实务》，法律出版社 2015 年版。

18. 王福重：《金融的解释》，中信出版社 2014 年版。

19. 赵莹：《中国民间商事借贷立法研究》，中国传媒大学出版社 2017 年版。

20. 刘俊海：《现代公司法》，法律出版社 2015 年版。

21. 付子堂：《法律学进阶》，法律出版社 2013 年版。

22. 王泽鉴：《民法总则》，北京大学出版社 2014 年版。

23. 刘晓明、张帆、郑心宏：《商事合同风险及其防范：以案说法》，法律出版社 2013 年版。

24. 徐学鹿：《商法学》，中国人民大学出版社 2015 年版。

25. 孙天琦：《金融业行为监管与消费者保护研究》，中国金融出版社 2017 年版。

26. 丁邦开、周仲飞：《金融监管学原理》，北京大学出版社

2004 年版。

27. 陈钊：《信息与激励经济学》，格致出版社 2010 年版。

28. 王建平：《民法学》，四川大学出版社 2005 年版。

二、中文译著

1. ［美］罗纳德·I.麦金农：《经济发展中的货币与资本》，上海三联书店 1997 年版。

2. ［英］弗里德利希·冯·哈耶克：《自由秩序原理》，邓正来译，北京三联书店 1997 年版。

3. ［美］约翰·卡西迪：《市场是怎么失败的》，刘晓峰、纪晓峰译，机械工业出版社 2011 年版。

4. ［德］柯武刚、史漫飞：《制度经济学——社会秩序与公共政策》，韩朝华译，商务印书馆 2000 年版。

5. 《法国民法典》（下），罗结珍译，法律出版社 2004 年版。

三、中文论文

1. 高晋康：《民间金融法制化的界限与路径选择》，载《中国法学》2008 年第 4 期。

2. 姜旭朝、丁昌峰：《民间金融理论分析：范畴、比较与制度变迁》，载《金融研究》2004 年第 8 期。

3. 郑导、唐清利、高晋康：《民间金融的民法规制》，载《西南民族大学学报》2013 年第 6 期。

4. 张杰：《民营经济的金融困境与融资次序》，载《经济研究》2000 年第 4 期。

5. 刘子平：《功能监管化视角下的民间金融法律治理研究》，载《金融监管研究》2016 年第 8 期。

6. 王曙光、邓一婷：《民间金融扩张的内在机理、演进路径与未来趋势研究》，载《金融研究》2007 年第 6 期。

7. 张建军、袁中红、林平：《从民间借贷到民营金融：产业组织与交易规则》，载《金融研究》2002 年第 10 期。

8. 喻凌云：《国民间金融发展研究》，载《科技信息（科学教研）》2008 年第 18 期。

9. 谢毅：《民间金融发展现状与理论思考》，载《金融与保险》2005 年第 8 期。

10. 郑畋、王龙锋、肖云：《论中小企业与民间金融的和谐发展》，载《企业经济》2006 年第 3 期。

11. 任旭华、周好文：《中国民间金融的诱致性制度变迁》，载《华南金融研究》2003 年第 3 期。

12. 杜朝运：《制度变迁背景下的农村非正规金融研究》，载《农业经济问题》2001 年第 3 期。

13. 林乐芬、林彬乐：《农村金融制度变迁时期的非正规金融探析》，载《现代经济探讨》2002 年第 8 期。

14. 张宁：《试论非正式金融》，载《当代财经》2002 年第 11 期。

15. 左柏云：《民间金融问题研究》，载《金融理论与实践》2001 年第 5 期。

16. 张松：《民间金融与我国金融制度变迁》，载《江苏社会科学》2003 年第 6 期。

17. 陈向阳、李月丝：《民间金融改革的理论与案例分析》，载《征信》2017 年第 7 期。

18. 罗丹阳、王小敏：《中国有执行制度变迁路径分析：以民间金融为例》，载《南方金融》2005 年第 4 期。

19. 杜敏、王刚：《民间借贷纠纷案件问题探究及应对之策》，载《人民司法》2012 年第 11 期。

20. 梁冰、陆红、周晓松、陈捷：《我国民间借贷发展与风险防范研究》，载《金融发展评论》2012 年第 7 期。

21. 张书清：《民间借贷法律价值体系的重构》，载《上海金融》2009 年第 2 期。

22. 贾学胜、肖敏：《民间借贷的法律规制逻辑与刑法干预》，载《法治社会》2018 年第 2 期。

23. 姚辉：《关于民间借贷若干法律问题的思考》，载《政治与法律》2013 年第 12 期。

24. 岳彩申：《民间借贷规制的重点及立法建议》，载《中国法学》2011 年第 5 期。

25. 赵莹、雷兴虎：《我国商事民间借贷的立法体系建构》，载《湖南社会科学》2014 年第 3 期。

26. 赵倩倩、赵华伟：《我国 P2P 网络借贷市场的发展现状》，载《时代金融》2018 年第 18 期。

27. 汪青松：《马克思主义中国化两次历史性飞跃的哲学思考》，载《马克思主义研究》2009 年第 5 期。

28. 高圣平、申晨：《论民间借贷利率上限的确定》，载《上海财经大学学报》2014 年第 2 期。

29. 廖振中、高晋康：《我国民间借贷利率管制法治进路的检讨与选择》，载《现代法学》2012 年第 2 期。

30. 岳彩申：《民间借贷风险治理的转型及法律机制的创新》，载《政法论丛》2018 年第 1 期。

31. 李富有、孙晨辉：《银行信贷资金变相流入民间借贷市场的影响效应——基于存在寻租行为的分析》，载《西安交通大学学报（社会科学版）》2013 年第 3 期。

32. 滕艳军：《名为借款但参与公司经营管理的应认定为投资》，载《人民司法·案例》2014 年第 10 期。

33. 李明：《当前民间借贷案件飙升的原因、难题与解决》，载《中国经济周刊》2018 年第 3 期。

34. 岳彩申、袁林、陈蓉：《民间借贷制度创新的思路和要点》,载《经济法论丛》2009年第1期。

35. 刘道云:《建议有区别有重点的立法规制民间借贷》,载上海市法学会商法学研究会2012年年会论文集,第72页。

36. 殷炳华:《商法视角下民间借贷问题的成因与法律规制》,载《山东警察学院学报》2012年第5期。

37. 张书清:《民间借贷的制度性压制及其解决途径》,载《法学》2008年第9期。

38. 岳彩申、车云霞:《民间借贷法律监管的新进路》,载《河北法学》2016年第5期。

39. 黄茂钦、李晓红:《民间借贷的软法治理模式探析》,载《西南政法大学学报》2013年第5期。

40. 高利军、王萌、陈燕:《温州民间融资中心助推个人征信体系建设的策略研究》,载《中国商论》2016年第10期。

41. 戢浩飞:《权利救济:让每个人更有尊严》,载《人民论坛》2014年第11期。

42. 赵忠奎:《债权实现中的私力救济现象研究——以民间借贷纠纷为视角》,载《海南大学学报》2015年第5期。

43. 刘少军:《我国民间金融的功能定位与监管体制研究》,载《中国政法大学学报》2012年第5期。

44. 林毅夫、孙希芳:《信息、非正规金融与中小企业融资》,载《经济研究》2005年第7期。

45. 林诚二:《论合会》,载《台湾本土法学杂志》2000年11、12月。

46. 单强、昝金生:《论近代江南农村的"合会"》,载《中国经济史研究》2002年第4期。

47. 项开来:《福安市"倒会"金融风波始末》,载《当代经济》2004年第8期。

48. 刘春航:《美国社区银行的经营模式及启示》,载《中国金融》2012年第14期。

49. 刘萍、孙天琦、张韶华:《有关美国非吸收存款类放贷人（NDTL）的考察报告》,载《西部金融》2008年第9期。

四、学位论文

1. 耿雅景:《美日中小企业融资政策比较研究》,吉林大学2012年硕士学位论文。

2. 于野:《非金融企业间借贷行为法律规制及立法研究》,浙江大学2011年硕士学位论文。

3. 方玉兰:《我国民间金融的法律规制研究》,上海社会科学院2016年硕士学位论文。

4. 刘书凯:《我国民间借贷市场法律规制问题研究》,河南财经政法大学2017年硕士学位论文。

5. 李志刚:《我国中小企业民间融资法律监管问题研究》,兰州大学2017年硕士学位论文。

6. 曾纪胜:《论我国民间借贷监管制度的完善》,西南政法大学2011年硕士学位论文。

7. 汪丽丽:《非正式金融法律规制研究》,华东政法大学2013年博士学位论文。

8. 潘为:《非金融机构贷款人法律制度研究》,吉林大学2012年博士学位论文。

五、中文报刊

1. 朱玥:《知晓民间借贷规则,把控民间资金融通》,载《人民法院报》2015年9月13日第3版。

2. 张琼斯:《严厉打击四大乱象,银保监会等多部门规范民间借贷》,载《上海证券报》2018年5月5日第5版。

3. 吴笋林:《茂名"黑老大"李振刚重审改判12年——非

法经营等罪名被认定"减刑"8年,逾亿元罚金取消仍会追缴违法所得》,载《南方都市报》2014年9月20日第12版。

4. 王观、李若愚:《既有存在价值,是正规金融的有益补充,又面临利率不透明、暴力催债等问题。民间借贷,正门咋开?》,载《人民日报》2017年6月12日第18版。

5. 肖飒、王淼:《银保监10号文出台,民间借贷何去何从》,载《证券时报》2018年5月12日第4版。

6. 李超:《"裸贷"乱象》,载《中国青年报》2018年3月5日第9版。

7. 李张光:《"夺命"校园贷》,载《民主与法制时报》2017年5月21日第5版。

8. 《服务实体经济防控金融风险深化金融改革,促进经济和金融良性循环健康发展》,载《人民日报》2017年7月16日第1版。

9. 周慧虹:《民间借贷机构征信亟需规范》,载《经济日报》2015年8月10日第9版。

10. 马光远:《麦金农与中国金融改革的命门》,载《中国经营报》2014年10月13日。

六、外文论文

1. Kropp E. W., Suran B. S.: Linking Banks and (Financial) Self Help Groups in India－An Assessment. Seminar on SHG－bank Linkage Programme at New Delhi, NABARD, November 25－26, 2002. Available at SSRN: https://ssrn.com/abstract=1170845.

2. Krahene J. P., Schmidt R. H.: Developing Finance as Institution Building, Boulder, San Francisco and Oxford: Westview, 1994.

3. Schrader H.: Some Reflections on the Accessibility of Banks in Developing Countries: A Quantitative, Comparative

Study, Working Paper No. 188, Sociology of Development Research Center, University of Bielefeld, 1995.

4. Anders Isaksson: The Importance of Informal Finance in Kenyan Manufacturing, the United Nations Industrial Development Organization (UNIDO), Working Paper No. 5, May 2002.

5. Timothy Besley, Alec R. Levenson: The Role of Informal Finance In Household Capital Accumulation: Evidence From Taiwan, The Economic Journal Vol. 106, No. 434, January 1996.

6. Joseph E. Stiglitz, Andrew Weiss: Credit Rationing in Market with Imperfect Information, the American Economic Review, Vol. 71, No. 31, June 1981.

7. Karla Hoff, Joseph E. Stiglitz: Introduction: Imperfect Information and Rural Credit Markets: Puzzles and Policy Perspectives. World Bank Economics Review Vol. 4 (3), September 1990.

8. Bouman, Moll: Informal Finance in Indonesia, in Adams D. W., Fichett, D. A.: Informal Finance in Low-income Countries, Westview Press, 1992.

9. Chiteji N. S.: Promises kept: Enforcement and the Role of Rotating Savings and Credit Associations in An Economy. Journal of International Development, Vol. 14, Issue 4, December 2002.

10. Mark Schreiner: Informal Finance and the Design of Microfinance, Development in Practice, Vol. 11, No. 5, November 2001.

11. Steven L. Schwarcz: Helping Microfinance Become Commercially Sustainable, Gonzaga Law Review, 2011.

12. Vincent Di Lorenzo: Principles—Based Regulation and Legistative Congruence, New York University Journal of

Legislation and Public Policy, 2012.

13. Zachary J. Gubler: The Financial Innovation Process: Theory and Application, Delaware Journal of Corporate Law, 2011.

14. Joseph J. Norton: A Perceived Trend in Modern International Financial Regulation: In creasing Reliance on a Public-Private Partnership, The International Lawyer, Vol. 37 (1), 2003.

15. Julia Black: Making a Success of Principles - based Regulation, Law and Financial Markets Review, 2007.

16. "FDIC Community Banking Study Chapter 1-Defining the Community Bank", http://www.fdlc.gov/regulations/resources/cbi/report/CBSI-1.Pdf.

七、中文网站

1. 辜胜阻:《温州问题实质是实业空心化》,载新浪财经,http://finance.sina.com.cn/review/hgds/20111123/011710863448.shtml,2018年9月23日访问。

2.《我国民间金融市场规模超5亿元．非法集资案件高发》,载腾讯网,https://new.qq.com/cmsn/20140922/20140922000893,2018年10月17日访问。

3. 徐倩倩:《论有限公司的人合性》,载找法网,http://china.findlaw.cn/lawyers/article/d139221.html,2018年9月24日访问。

4. 杜敏、王刚:《民间金融纠纷案件问题探究及应对之策》,载中国民商法律网,http://www.civillaw.com.cn/article/default.asp?id=56576,2018年10月1日访问。

5.《2010年至2011年国家房地产宏观调控政策汇总》,载百度文库，http://wenku.baidu.com/view/d941bffcf705cc1755270996.html，2018年9月20日访问。

6.《央行重申民间借贷合法性，称是正规金融的有益补充》，载搜狐财经，http://business.sohu.com/20111111/n325260424.shtml，2018年9月11日访问。

7. 赵小燕：《温州"高利贷"月息持续走高，政府部门着手调查》，载中国新闻网，http：//www.chinanews.com/fortune/2011/03-25/2932217.shtml，2018年7月29日访问。

8. 梅山群、夏理森：《涉及民间借贷违法犯罪的法律适用问题研究》，载温州检察网，http：//www.wenzhou.jcy.gov.cn/system/2014/06/21/011697999.shtml，2018年7月29日访问。

9.《2017年上半年全国法院审判执行工作态势新闻发布会》，载最高人民法院网，http：//www.court.gov.cn/zixun-xiangqing-54612.html，2018年7月30日访问。

10. 最高人民法院：《人民法院审理非法集资刑事案件情况及典型案例》，载教育部网，http：//www.moe.gov.cn/s78/A05/s7655/ztzl_xcjy/xcjy_cycl/201808/t20180820_345621.html，2018年8月30日访问。

11.《有案必办、有腐必惩》，载人民网，http：//legal.people.com.cn/n/2013/0111/c42510-20164029.html，2018年9月1日访问。

12. 吴晓波：《"节制私人资本"的传统源远流长》，载于金融界，http://finance.jrj.com.cn/opinion/2012/02/18004912279548.shtml，2018年9月21日访问。